사지 말고 입양하자 시리즈 ①
햄스터

이 책은 환경과 나무 보호를 위해 재생지를 사용했습니다.
환경과 나무가 보호되어야 동물도 살 수 있습니다.

사지 말고
입양하자
시리즈 ①

햄스터

김정희 글·그림

책공장더불어

○ 저자 서문

요즘 햄스터, 기니피그, 고슴도치, 저빌(모래쥐), 팬더마우스, 래트 등 작은 동물이 반려동물로 인기가 많다. 아이들은 반려동물을 기르고 싶어하고, 부모들은 관리가 번거롭고 유지 비용이 부담스럽다 보니 작은 동물을 선호한다. 또한 1인 가구의 증가로 성인도 작은 동물을 반려동물로 입양하는 경우가 많아지고 있다. 1인 가구는 원룸, 오피스텔 등 공동주택에 거주하는 경우가 많아서 시끄럽지 않은 동물을 선호하고 집이 비는 시간이 길어서 외로움을 덜 타는 동물을 선호하면서 햄스터가 반려동물로 인기를 얻고 있다.

하지만 햄스터는 구하기는 쉽지만 기존의 반려동물과는 습성이 많이 달라 제대로 키우기가 의외로 어렵다. 제대로 기르려면 먼저 햄스터의 생태, 습성, 특징을 파악해야 한다.

내가 햄스터를 처음 알게 된 것은 1990년대 초반 어린이 과학 잡지를 통해서였다. 초등학생이었던 나는 치즈 모양의 나무 은신처에 들어가 있는 베이지 밴디드 골든 햄스터에 반해 '햄스터앓이'를 시작했다. 우주선처럼 알록달록하고 크고 작은 터널과 방으로 이어진 케이지는 또 얼마나 예쁘던지! 몇 달간 독자 선물인 햄스터 용품을 받고 싶어서 애독자 응모 엽서와 사연을 부지런히 써서 보냈다. 하지만 번번이 낙방. 급기야 잡지에서 햄스터가 나온 페이지를 뜯어서 엄마의 가계부에 은근슬쩍 끼워 두고는 '햄스터, 햄스터' 노래를 불렀다. 엄마와 함께 마트에 갈 때마다 베이지색의 햄스터를 찾아 헤맸지만 아쉽게도 내가 원하는 햄스터는 찾을 수 없었다.

간절히 원하면 이루어진다고 했던가. 마침내 나도 햄스터와 살 수 있게 되었고, 알록달록 예쁜 것은 아니지만 햄스터 집도 생겼다. 갈색의 햄스터는 귀여웠고, 조금 사납긴 해도 밥을 주는 나를 알아봤다. 햄스터를 팔았던 수족관 아저씨가 햄스터는 해바라기씨를 먹고 산다고 일러 줬고, 나는 아저씨의 말대로 해바라기씨를 열심히 먹였다.

햄스터가 국내에 막 들어오기 시작한 때여서 아무도 내게 올바르게 기르는 방법을 알려 주지 않았다. 그런 와중에 내가 데려온 햄스터 두 마리가 새끼를 몇 마리 낳았는데, 기를 여건이 안 된다고 생각했는지, 아니면 너무 어린 나이의 초산으로 몸이 많이 상했는지 한 마리만 남기고는 다 먹어 버렸다. 나는 큰 충격을 받았다. 그래도 어린 어미는 남은 한 마리를 지극정성으로 돌봤다. 하지만 남은 한 마리도 자라지 않았고 몸이 파래지나 싶더니 결국 얼마 지나지 않아 떠났다. 당시에는 이유를 알 수 없었다. 새끼가 자라지 않고 죽는 경우, 원인은 여러 가지이다. 겉으로는 보이지 않는 심장 등의 기형을 의심할 수 있으나 당시 초등학생이던 나로서는 알 수 없었다. 몸도 마음도 많이 아팠을 나의 첫 햄스터 아지와 수지를 생각하면 수의사가 된 지금도 마음이 아프다.

며칠 전 다섯 살짜리 남자아이가 햄스터 집을 떨어뜨리는 바람에 오른

쪽 뒷다리를 다친 새끼 정글리안 햄스터를 데리고 병원에 왔다. 이름은 '햄스터'. 다쳐서 쓰지 못하는 다리를 만져 보니 통증을 느끼지 못했다. 골절의 가능성은 낮고, 척추손상이나 골반손상이 의심되어 엑스레이를 찍어 보자고 권했는데 아이의 어머니는 원하지 않았다.

소염제, 진통제는 처방해 줄 수 있지만 원인이 확인되지 않아 앞으로 걸을 수 있을지 알 수 없다고 설명했더니 약도 필요없다고 했다. 그러면서 "햄스터를 못 키우겠으면 어떻게 하지요?"라고 내게 물었다. 나의 첫 햄스터가 떠난 지 20년이나 지났지만 우리나라에서 햄스터의 운명은 여전히 이런 식으로 반복되고 있었다.

"기르셔야지요. 수명이 2년이라 길지도 않고 어찌되었든 입양하셨으니까요."

"햄스터는 새끼를 많이 낳는다면서요? 그걸 다 어떻게 길러요?"

"한 케이지에 한 마리씩 기르세요. 원래 햄스터는 한 마리씩 길러야 되거든요. 지금 것과 같은 것으로 케이지를 하나 더 사셔서 따로 두시면 돼요. 끝까지 책임져 주세요."

햄스터가 우리나라에서 반려동물로 아이들의 친구가 된 지 20년이나 지났는데, 어째서 이런 일이 계속되고 있는 것일까? 생명을 쉽게 말하는 부모를 보며 아이는 무엇을 배울까?

단추 같은 눈, 씰룩거리는 분홍빛 코, 작은 움직임. 햄스터는 귀엽다. 하지만 인형이 아니기에 그 귀여움을 곁에 두고 나누려면 신경 쓸 점이 분명 있다. 처음 햄스터를 기르는 사람은 햄스터를 어떻게 기르고, 기르면서 어떤 일이 일어날지 알 수 없다. 그러므로 기르기 전에 햄스터에 대해 공부해야 한다. 입양하기 전에 올바르게 기르는 방법에 대해 공부했다면 나의 첫 햄스터들이나 다리를 다쳐 병원에 온 햄스터가 겪는 비극은 없었을 것이다.

그래서 이 책에 햄스터와 어떻게 교감하는지, 어떻게 돌봐야 하는지, 햄스터의 특징이 무엇인지 등 햄스터를 기르는 데 꼭 필요한 정보를 모았다. 또한 어린이 동물학대의 중심에 놓여 있는 햄스터에 대해 자세히 알려 줌으로써 사회 전반에 뿌리 내린 생명 경시 풍조에 질문을 던지고 싶었다. 제대로 공부하고 키운다면 햄스터는 아이들에게 생명 존중에 대해 알려 줄 수 있는 소중한 매개체가 될 것이다.

싸고 쉽게 구할 수 있다는 이유로 쉽게 입양하고 학대하고 방치하고 책임감 없이 버리는 일이 되풀이되어서는 안 된다. 우리나라에서 일회용품 취급을 받고 있는 햄스터에게 행복한 날이 오는 데 이 책이 도움이 되기를 바란다.

우리나라에서 처음으로 햄스터 관련 책을 쓰겠다는 이야기에 아낌없이 도와 주신 햄스터 반려인 즐쿠님, 빈구름님, 애기몽님, 헬로우미세스님, 디시인사이드 동물, 기타 갤러리의 자반고등어님, 연어초밥님, 귀찮음님 등 도움 주신 식구들, 다음 카페 햄스터세상, 펫숍 도리순이에 감사의 마음을 전한다. 덕분에 햄스터를 제대로 이해하고 기르려고 노력하는 분들이 많음을 깨닫고 정확한 정보를 제공하고자 더더욱 공부하는 계기가 되었다.

부족한 글을 밤새 읽고 확인해 주신 아크리스 동물병원 박천식 원장님, 내 일이라면 무조건 응원을 보내 주시는 제주대학교 수의과대학 손원근 교수님께 사랑과 존경을 전한다. 마지막으로 책을 쓰는 동안 세상을 떠난 헤요와 모카 등 사람들에게 즐거움은 물론 진정한 행복과 사랑을 일깨워 준 작은 햄스터 친구들에게 고마움을 전한다.

차례

저자 서문 _4

1장 야생 햄스터가 반려동물이 되다
햄스터의 역사 12 | 햄스터의 종류 20 | 햄스터의 생김새 31 | 성별 구분하기 36

> 새끼를 잡아먹는 햄스터의 카니발리즘 / 햄스터는 어떤 실험에 이용되었을까? / 세상에서 가장 작은 햄스터 피위

2장 햄스터 입양하기
햄스터를 입양할 수 있는 곳 42 | 건강한 햄스터를 선택하는 방법 49
입양 시 필수 구입 물품 53 | 실전! 햄스터 입양하기 56
입양 시 주의 사항 59 | 햄스터 입양의 장점과 단점 66
햄스터를 입양하는 우리의 약속 6 70

> 우리나라는 햄스터의 지옥 / 근친교배로 인한 유전 질환 / 사람과 햄스터의 생애 주기 비교 / 햄스터 학대 사건과 부모의 역할

3장 햄스터를 위한 건강한 먹을거리
햄스터 먹을거리의 종류 78 | 무엇을 얼마나 먹여야 할까? 85
이상적인 건강 식단 짜기 87 | 언제, 어떻게 먹일까? 95
간식 종류와 먹이는 방법 96 | 햄스터에게 주면 안 되는 음식 100

> 건강 상태 체크법, 신체충실지수

4장 햄스터의 살림살이
햄스터 집, 케이지 110 | 베딩 123 | 은신처 128 | 밥그릇과 급수기 131
화장실 134 | 목욕통 138 | 이동장 140

건강한 생활 관리

햄스터의 잠자기 146 | 털 손질과 발톱 관리 149 | 계절나기 154
산책과 외출 161 | 임신, 출산, 육아 162

> 잠자는 햄스터를 깨우면 안 되는 이유 / 햄스터의 중성화수술

 ## 햄스터의 감정 이해하기

행동으로 감정 이해하기 170 | 소리로 감정 파악하기 178
냄새로 상태 파악하기 179 | 햄스터의 탈출 181

 ## 햄스터의 놀이

핸들링 188 | 장난감 193 | 놀이터 만들기 200

> 햄스터에 관한 설문 조사

 ## 햄스터의 병

증상별 원인과 대처법 210 | 햄스터에게 흔한 질병 215

> 햄스터 전문 동물병원

 ## 햄스터의 노화와 이별

노화의 시기별 증상 230 | 나이 든 햄스터 돌보기 232 | 이별하기 235

찾아보기 _238

참고문헌 _242

사진 저작권 _244

Illust 김소영

1장 야생 햄스터가 반려동물이 되다

햄스터의 역사

야생에서 햄스터는 아시아와 유럽에 걸쳐 산다. 햄스터는 사람 손에 길들여진 지 오래되지 않았기 때문에 햄스터에 대해서 모르는 부분이 많아 햄스터를 잘 이해하려면 야생에서의 습성을 아는 것이 큰 도움이 된다. 햄스터는 어디에서 왔고 어떤 환경에서 살았을까?

🐹 야생 햄스터는 어디에 살까?

같은 햄스터라도 종에 따라 각기 다른 지역에 살고 있다. 현재 햄스터 종류 가운데 세계적으로 반려동물로 가장 많이 기르는 골든 햄스터는 중동의 사막에 살았다. 사계절의 변화가 없는 황량한 사막은 낮에는 무척 덥고 밤에는 몹시 춥다. 이런 환경에서는 먹이로 쓸 만한 식물도 곤충도 턱없이 부족해 구하기가 어렵다. 따라서 골든 햄스터는 불타는 태양을 피해 낮에는 굴에서 잠을 자고, 밤에는 먹이를 찾아 수십 킬로미터를 돌아다니며 산다.

야생 햄스터 분포도

- 윈터 화이트 햄스터 — 시베리아 남서부, 카자흐스탄
- 로보로브스키 햄스터 — 시베리아 남동부, 카자흐스탄, 몽골
- 캠벨 햄스터 — 시베리아 남동부, 몽골, 중국 북부
- 차이니즈 햄스터 — 중국 북서부
- 유럽 햄스터 — 유럽 각지
- 중동, 시리아

    정글리안이라고도 불리는 윈터 화이트 햄스터는 시베리아의 초원지대에 산다. 시베리아는 추위가 극심한 곳인데 윈터 화이트 햄스터는 겨울에도 땅이 얼지 않고 풀이 자라는 곳을 찾아서 굴을 파고 산다. 윈터 화이트 햄스터는 사막이어도 겨울에는 눈이 많이 내리는 시베리아에서 천적으로부터 자신을 보호하기 위해 겨울에 눈과 유사한 흰 털로 털갈이를 해서 생존 확률을 높인다.

    캠벨 햄스터는 몽골의 반사막 지방에 사는데 혹독한 한낮의 더위를 피해 주로 밤에 활동한다. 해가 지기 직전에 먹이를 찾으러 굴을 나선 후 새벽녘에 돌아온다.

    로보로브스키 햄스터는 러시아의 사막에 사는데 로보로브스키가 사는 사막은 다른 햄스터가 사는 사막보다 기후가 덜 혹독해 늦은 낮에 일어나 밤 9~10시 사이에 가장 활발하게 활동한다.

    차이니즈 햄스터는 대부분 바위로 이루어진 지역에 살기 때문에 바위를 잡고 오를 때 무게중심을 잘 잡을 수 있도록 꼬리가 발달했다. 차이니즈 햄스터의 활동 시간은 이른 저녁부터 밤이다.

야생 햄스터의 생활 방식과 특성

★ 서식지

햄스터는 어미에게서 독립하자마자 가장 먼저 자신의 영역을 정한 후 혹독한 더위와 추위에도 견딜 수 있고, 천적도 피할 수 있는 안전한 보금자리인 굴을 만든다. 둘레가 약 10~15센티미터, 깊이가 수십 미터 되는 굴을 혼자서 판 후 낮에는 지하 굴에서 잠을 자고, 밤이 되면 먹이를 찾아 먼 길을 돌아다닌다.

햄스터의 종류와 살고 있는 지형에 따라 굴의 깊이와 구조가 조금씩 다른데, 골든 햄스터는 굴을 10센티미터 이상 파고 천적이 들이닥쳤을 때 쉽게 도망갈 수 있도록 출입구를 여러 개 만든다. 골든 햄스터는 하나의 굴에 한 마리가 살고, 굴 주변을 자신의 영역으로 정하기 때문에 자신의 굴에 들어오면 누구든 침입자로 생각한다.

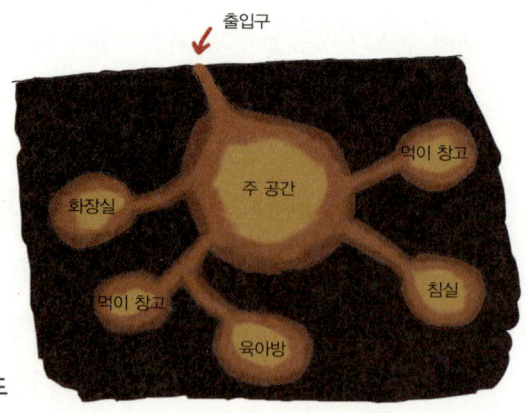

자연에서의 햄스터 굴 모식도

캠벨 햄스터는 다른 설치류가 만들어 둔 굴을 빼앗아 리모델링하는 편이다. 출입구를 여러 개 만들어 재빨리 도망갈 수 있게 하고, 사람 주먹 두 개만 한 방을 은신처로 삼는다.

★ 음식

햄스터는 주로 곡물, 곤충을 먹는다. 야생에서 돌아다니다가 먹이를 발견하면 일단 양볼에 있는 볼주머니에 넣고는 다른 먹이를 찾으러 또 길을 나선다. 양볼 가득 먹이를 구한 다음 굴로 돌아온 후 가져온 먹이를 먹이 창고에 비축한다.

★ 임신과 출산

햄스터는 자기 영역에 다른 햄스터가 침입하면 치열하게 싸우지만 자기 영역이 아닌 곳에서 만날 경우에는 그렇지 않다. 이런 습성 때문에 겨울잠에서 깨어난 햄스터가 봄에 먹이를 찾아 나섰다가 암컷과 수컷이 만나 새 생명을 만들 수 있는 것이다. 골든 햄스터는 발정기 때 암컷이 강한 냄새를 풍겨 수컷을 유인한다. 그러나 임신이 되면 암컷은 공격적으로 변하기 때문에 수컷은 쫓겨나고, 둘은 각자의 굴에서 원래의 생활로 돌아간다.

야생에서 햄스터 같은 설치류 등의 작은 동물은 먹이사슬의 최하층에 위치하기 때문에 여러 야생동물의 사냥감이 된다. 그러다 보니 햄스터는 종 보전을 위해 일찍 임신하고, 한 번에 여러 마리의 새끼를 낳으며, 새끼를 최대한 빨리 독립시킨 후 또다시 임신을 하는 습성이 있다.

새끼를 잡아먹는 햄스터의 카니발리즘

일반적으로 햄스터라고 하면 많이 떠올리는 이미지 중 하나가 '새끼를 잡아먹는 동물'이라는 편견이다. 햄스터의 이런 행동은 일상에서뿐만 아니라 미디어에서도 동물의 야만적인 특성을 예로 들 때 주로 사용한다. 정말 햄스터는 매정한 동물일까?

새끼를 포함해 동족을 먹는 행동은 카니발리즘cannibalism으로 햄스터뿐 아니라 다양한 동물에게서 나타난다. 사람이 사람을 먹는 식인 풍속도 카니발리즘이며, 야생동물에게서도 나타나고, 동물원 등 인간에게 잡혀 갇힌 동물에게서도 나타난다. 원인은 굶주림, 풍속, 공포, 생존 본능 등 여러 가지이다. 특히 새끼를 낳은 어미가 새끼를 기를 여건이 되지 않는다고 판단할 때 자주 나타난다. 새끼를 다른 포식자의 먹이로 넘기느니 다음에 더 건강한 새끼를 낳아 종족을 보전하겠다는 본능에서 새끼를 잡아먹는 것이다. 이런 카니발리즘은 인간의 시각으로 보면 잔인하고 슬프지만 자연에서는 자연스러운 행동이다.

특히 햄스터의 카니발리즘은 한 케이지에 너무 많은 수의 햄스터가 있을 때 많이 발생한다. 독립 생활을 하는 햄스터가 좁은 공간에 여러 개체가 있으면 생존에 위협이 된다고 판단하기 때문이다.

그렇다면 어미가 갓 태어난 새끼를 잡아먹는 것은 어떻게 설명할 수 있을까? 새끼를 기를 만한 환경이 되지 않는다고 판단하면 어미는 새끼를 잡아먹기도 한다. 주로 좁은 공간에서 여러 마리를 기르거나, 사람이 호기심에 새끼를 자주 만지거나 쳐다보면 어미는 그런 판단을 할 수 있다. 그러니 햄스터의 카니발리즘은 햄스터의 잔인한 본성이 아니라 사람이 일으킨 참사이다. 햄스터가 카니발리즘을 보인다면 햄스터에게 적합한 환경이 아님을 알고 환경 개선에 신경 써야 한다.

햄스터의 카니발리즘은 인간의 시각으로 봐서 잔인하다고 치부할 것이 아니다. 새끼를 잡아먹는 막다른 선택을 강요한 사람의 잘못임을 인정하고 반성해야 한다.

★ 가족 생활

햄스터는 교배가 가능한 계절이 따로 있어 육아기를 제외하면 자기 영역에서 혼자 살며 무리 생활을 하지 않는다. 만일 자기 영역에 다른 햄스터가 들어오면 침입자라고 생각하여 쫓아낸다.

★ 수명

종류에 따라 다르지만 햄스터의 평균 수명은 약 2년이다.

★ 체중

어른 햄스터의 평균 몸길이는 7~18센티미터, 체중은 30~150그램이다.

실험동물에서 반려동물로

햄스터는 현대인에게 익숙한 반려동물이다. 하지만 햄스터가 반려동물이 된 것은 얼마 되지 않았다. 야생 햄스터는 어떻게 해서 반려동물이 되었을까?

햄스터와 사람의 첫 만남은 1700년대이다. 1700년대 중반, 영국의 의사 알렉산더 러셀, 패트릭 러셀 형제는 시리아에서 흑사병 연구를 하던 중 햄스터를 처음 발견했다. 1797년 러셀 형제가 《알레포의 자연사》(2번째 개정판)에 골든 햄스터 이야기를 쓰면서 세상에 알려지기 시작했다.

그 후 햄스터의 반려동물화에 가장 크게

공헌한 인물은 기생충학자인 솔 애들러와 동물학자인 이즈라엘 아로니이다. 애들러는 기생충을 연구하던 중 차이니즈 햄스터가 질병 연구 모델로 적합하다는 사실을 알아냈고 친구인 아로니에게 차이니즈 햄스터를 구해 달라고 부탁한다. 차이니즈 햄스터를 구하지 못한 아로니는 그 대신에 골든 햄스터 어미와 열한 마리의 새끼를 포획한다.

그러나 포획에 놀란 어미가 새끼를 기를 환경이 안 된다고 판단하고 새끼를 죽이기 시작한다. 아로니가 급히 어미와 새끼를 따로 떨어뜨려 놓았지만 여전히 햄스터를 어떻게 길러야 하는지 몰라 햄스터를 그냥 나무상자에 넣어 뒀다. 나무상자에 갇힌 햄스터들은 나무를 갉아 탈출을 시도했고, 결국 네 마리만 남았는데 그중 한 마리가 사고로 죽고 말았다.

그 후 남은 암컷 두 마리와 수컷 한 마리가 쌍을 이루었고, 1년 만에 개체수가 150마리로 늘어났다. 애들러는 이들이 낳은 첫 번째 새끼를 받아 연구를 했고, 나머지 햄스터들을 다른 실험실에 분양했다. 햄스터는 빠른 번식력 덕분에 연구자들의 사랑을 받았고, 그 후 종양학, 발육 및 노화 연구, 바이러스 연구 등 여러 질병 연구에 실험동물로 입지를 굳혔다.

이렇게 실험동물로 이용되던 햄스터가 언제 가정으로 처음 입양되었

1940년대 말 신문 광고에 첫 등장한 햄스터.

는지는 정확히 알 수 없다. 하지만 1949~1950년 미국 신문 광고에 첫 등장했고 1951년에 햄스터 책이 출판된 것으로 보아 1940년대 중후반일 것으로 추측한다. 신문 광고는 햄스터를 실험실에서 온 깨끗하고 냄새가 나지 않고 어디서든 기를 수 있는 동물이라고 설명하고 있다.

햄스터는 어떤 실험에 이용되었을까?

실험동물을 가장 많이 이용하는 미국에서 1973년부터 2006년까지 약 1천1백만 마리의 햄스터가 실험동물로 사용되었다. 실험동물로 희생된 햄스터 중 90퍼센트가 골든 햄스터이고, 10퍼센트가 유럽 햄스터를 포함한 드워프 햄스터였다.

골든 햄스터는 발견 당시부터 현재까지 세포유전학, 당뇨, 독성학 연구에 이용되어 왔다. 유럽 햄스터는 발암에 관한 연구 모델로 사용되고 있으며, 드워프 햄스터 중 캠벨 햄스터와 윈터 화이트 햄스터는 1967년에는 세포유전학, 1973년에는 발암 연구, 1975년에는 당뇨, 1978년에는 비만 연구에 이용되었다. 이어 빛의 주기 변화에 대한 행동 연구에도 이용되었다. 반려동물로 길러지고 있지 않은 터키시 햄스터는 겨울잠에 관한 연구에 이용되고 있다.

영국에서는 2010년 한 해 동안 4천1백여 마리의 햄스터가 연구에 사용되었는데, 대부분 성품이 온순한 골든 햄스터였다. 하지만 최근 실험동물의 복지에 대한 목소리가 높아지고 있고, 골든 햄스터는 다른 햄스터와 잘 어울리지 못하기 때문에 대량의 실험동물이 필요한 경우에는 어려운 점이 있어 점차 실험동물로서의 사용이 줄어들고 있다.

햄스터의 종류

햄스터는 다람쥐, 프레리도그, 기니피그, 래트, 친칠라, 저빌(모래쥐) 등과 함께 쥐목에 속해 있으며 그중 비단털쥣과에 속한다.

포유강 쥐목에 속하는 동물을 설치류라고 하는데, 설치류는 위아래에 앞니를 한 쌍씩 가지고 있으며 평생 자라는 것이 특징이다.

햄스터의 사촌

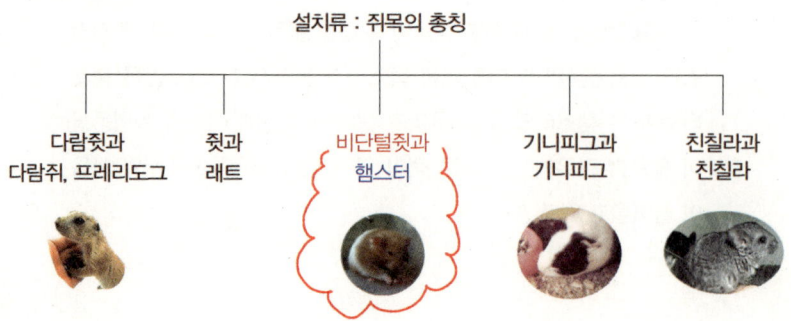

개나 고양이도 종류가 다양하듯 햄스터도 종류가 다양하며, 종에 따라 크기와 습성이 조금씩 다르다. 반려동물로 기르는 햄스터는 크게 골든 햄스터와 드워프 햄스터로 나뉜다. 세계적으로 골든 햄스터를 가장 많이 기르고, 그다음으로 드워프 햄스터 중 캠벨 햄스터를 많이 기르는 추세이다. 하지만 2010년 우리나라의 햄스터 반려인을 대상으로 자체적으로 진행한 설문 조사(204쪽 참고)에 따르면 우리나라는 윈터 화이트 햄스터를 가장 많이 기르고 있으며, 골든 햄스터, 로보로브스키 햄스터 순이었는데 골든 햄스터를 기르는 사람이 빠르게 증가하는 추세이다.

골든 햄스터 Golden Hamster

골든 햄스터는 가장 잘 알려진 종으로 시리아 지방에서 발견되어 시리안 햄스터 Syrinan Hamster라고도 불린다. 온순하고 핸들링(햄스터와 같은 작은 동물이 경계를 풀고 사람의 손 위에 올라오는 것)이 쉬워 반려동물

골든 햄스터의 특징

장점
1. 움직이는 속도가 느리고, 크기가 커서 핸들링이 쉽다.
2. 온순한 데다가 나이가 들수록 더 느긋해져 교감이 쉽다.
3. 털색, 눈색, 털길이가 다양하다.
4. 대체로 어릴 때를 제외하고는 소변을 스스로 가린다.

단점
1. 몸집이 커서 드워프용 용품은 사용할 수 없고 골든 햄스터 전용 용품을 구입해야 한다.
2. 힘이 세서 케이지가 단단하지 않으면 갉아서 부순 후에 밀고 나가 탈출할 수 있다.
3. 암컷은 질 분비물 냄새가 심하고, 수컷은 성체가 되었을 때 고환이 두드러진다.

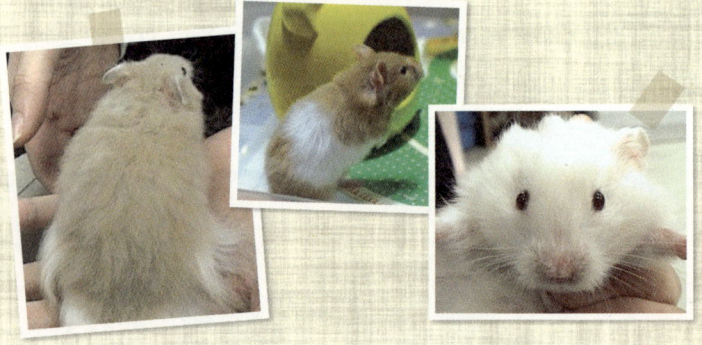

로 널리 사랑받고 있다. 우리나라에서는 흔히 '골댕이', '곰쥐'라 불리며, 털과 눈 색깔이 다양하다.

골든 햄스터는 일반적으로 털의 색, 무늬, 길이로 분류한다. 털색은 세이블, 오렌지, 베이지, 화이트, 아이보리, 그레이, 커피, 초콜릿, 세피아, 블랙 등이며, 몸에 흰 띠를 두른 듯한 무늬를 가진 밴디드도 흔하다. 털길

▲ 꼬리 부근의 척추를 만지자 짝짓기 자세인 부동자세를 취한 골든 햄스터.
▲ 커피색 털색의 골든 햄스터.

이에 따라 단모와 장모로 나뉘는데, 특히 장모 수컷은 암컷보다 털길이가 길어 털 관리에 신경을 써야 한다.

몸길이는 15~18센티미터로 햄스터 중에서는 큰 편이어서 속도도 빠르지 않고 핸들링하기에 적당하다. 꼬리는 1센티미터로 짧고, 성체가 되면 100~150그램 정도의 몸무게를 유지한다. 수컷은 암컷보다 작고 유순하다. 골든 햄스터는 유순하고 느긋해서 드워프 햄스터보다 사람을 덜 무서워한다. 핸들링에 익숙해지면 손을 보자마자 달려 나오기도 한다. 골든 햄스터의 수명은 2년에서 2년 반으로 기네스북에는 4년까지 장수했다는 기록이 있다.

드워프 햄스터 Dwarf Hamster

드워프 햄스터에는 윈터 화이트 햄스터, 로보로브스키 햄스터, 캠벨 햄스터, 차이니즈 햄스터의 네 종이 속한다. 난쟁이를 뜻하는 '드워프dwarf'라는 이름에서 알 수 있듯이 드워프 햄스터는 골든 햄스터보다 작다.

★ 윈터 화이트 햄스터 Winter Whites Hamster

윈터 화이트 햄스터는 드워프 햄스터 중 우리나라에서 가장 흔한 종으로 정글리안Jungarian, 러시안 햄스터Russian Hamster라고도 한다.

카자흐스탄 동부, 시베리아 남서부에서 살던 종으로 여름철

윈터 화이트 햄스터의 특징

장점
1. 드워프 중 온순하고 대범한 편이라 핸들링이 쉽다.
2. 우리나라에서 가장 구하기 쉽다.
3. 털색이 다양하다.
4. 일반적인 햄스터 용품을 사용하기에 적당한 크기이다.

단점
1. 어릴 때 핸들링을 하지 않으면 성체가 되어서는 핸들링이 거의 불가능하다.

에는 어두운 색을 띠다가 겨울에 흰색으로 색이 변해서 '윈터 화이트 Winter Whites'라는 이름이 붙여졌다.

1968년 시베리아에서 발견되어 독일 막스 플랑크 연구소의 비교생리학 실험실로 들어가게 된 것이 사람과의 첫 만남이었다. 이 실험실에서 또 다른 실험실로 분양되면서 동물생리학, 행동학, 계절적 변이의 영향 등 여러 연구에 실험동물로 사용되었다.

털색은 노멀, 펄, 펄짱, 푸딩, 블루 사파이어 등 다양하다. 노멀은 1년 내내 회갈색 털색에 등에 검은 줄무늬, 펄은 흰 털에 등에 검은 줄무늬, 사파이어는 옅은 회색, 푸딩은 노란색이다.

윈터 화이트 햄스터는 몸길이가 평균 10센티미터이고, 꼬리길이는 1센티미터가량인데, 꼬리는 털에 파묻혀 잘 보이지 않는다. 등에 줄무늬가 있다. 눈이 크고 귀가 작은 편이며 털이 촘촘하게 나 있다. 수명은 18~24개월이다. 추운 지방에서 온 햄스터이지만 겨울잠을 자지는 않는다. 야생 윈터 화이트 햄스터는 시베리아의 추운 겨울 날씨에도 얼지 않는 초원 지대로 먹을 것을 찾아다니며 여름과 똑같이 살아간다.

★ 로보로브스키 햄스터 Roborovski Hamster

몽골, 중국, 시베리아 사막 출신이다. 1894년 브세볼로드 로보로브스키에 의해 처음 발견되어 로보로브스키 햄스터라고 불리기 시작했다. 영국은 1960년대에 런던 동물원에 보낼 목적으로 수입했고, 미국은 1998년에 수입했다. 하룻밤 사이에 32킬로미터를 이동할 정도로 매우 빠르다.

최근에야 반려동물로 대중화되어 기르는 사람이 많진 않지만 늘어나는 추세이다. 햄스터계의 '얼짱'이라고 불릴 정도로 작고 귀여우며, 우리나라에서는 도입 초기에 '사슴 햄스터'라고 불렸다.

몸길이 5~7센티미터, 몸무게 25~40그램으로 다른 드워프 햄스터보다 더 작은 소형종이다. 로보로브스키 햄스터는 크기가 작아서 핸들링이 어렵다. 등쪽에 갈색 털이 있으며 줄무늬는 없다. 전체가 하얀 화이트 로보로브스키도 있다.

로보로브스키 햄스터의 특징

장점
1. 합사 가능성이 가장 높은 품종이지만 합사는 같은 성별로만 가능하다.

단점
1. 겁이 많아 핸들링에 많은 인내가 필요하다.
2. 빨라서 탈출 시 포획이 어렵다.
3. 털색이 한정되어 있다.

햄스터 중 드물게 야생에서 무리를 지어 사는 경우가 있다. 작고 겁이 많고 빠르기 때문에 같은 굴에서 무리가 모여 살다가 포식자가 침입하면 여러 통로를 통해 빠르게 도망 치는 방법으로 생존율을 높인 것으로 추측된다. 따라서 로보로브스키는 햄

스터 중에서 사회화가 가능한 종이다. 어릴 때부터 함께 기르면 합사도 가능하지만 야생에서 사는 것과 인간과 사는 것은 환경의 차이가 크기 때문에 모두 합사가 된다는 보장은 없다. 로보로브스키의 합사는 세 마리 이상일 때 성공률이 높다. 하지만 100퍼센트 성공이 아니라서 실패할 경우 죽음으로 끝나기 때문에 합사는 하지 않는 것이 좋다. 사람들은 혼자는 외로울 것 같다거나 두 마리가 함께 있는 모습을 보고 싶다는 인간적인 바람에서 합사를 원하지만 그것은 햄스터의 습성을 몰라서 하는 생각이다. 이런 이유로 로보로브스키 햄스터라도 합사는 추천하지 않지만 합사를 시도한다면 먹이를 적정량보다 2배 이상 넉넉하게 주는 것이 필수이다. 또한 조금이라도 찍찍거리는 소리가 나면 바로 분리해야 한다. 찍찍거리는 소리는 서로 싸우는 소리로 싸우다가 죽을 수 있다.

★ 캠벨 햄스터 Campbell Hamster

캠벨 햄스터는 세계적으로 가장 흔한 종이지만 우리나라에서는 1990

년대 후반부터 점차 사라지다가 2011년 이후에 '달마시안' 혹은 '팬시 햄스터'라는 이름으로 다시 수입되었다. 세계적으로 '팬시 햄스터'는 골든 햄스터를 일컫는 말인데, 우리나라는 검고 흰 무늬가 있는 캠벨 햄스터를 수입하면서 용어가 잘못 전해져 혼선을 빚고 있다.

털의 색, 종류, 무늬로 구분한다. 털색에 따라 아고티(회갈색), 아르젠트(황토색), 알비노, 검정, 오팔 등 다양하게 분류한다. 여러 색상 유전자를 조합한 점박이, 줄무늬 등 무늬나 색상이 다양하게 섞인 캠벨을 볼 수 있는데 우리나라에서는 달마시안(블랙 밴디드) 정도만 찾아볼 수 있다.

캠벨 햄스터의 몸길이는 10센티미터, 몸무게는 40~60그램이다.

★차이니즈 햄스터 Chinese Hamster

차이니즈 햄스터는 꼬리가 4센티미터 정도로 긴 편이기 때문에 쥐처럼 보이기도 한다. 몸길이는 10~12센티미터, 몸무게는 40~50그램이다.

털은 회색, 회갈색이며, 등에 줄무늬가 있다. 핸들링이 쉽고 사람에게 친숙하지만 동종의 다른 햄스터에게는 매우 공격적이어서 교배가 어려워 반려동물로 널리 퍼지지 못했다. 차이니즈 햄스터를 기르는 사람은 우리나라는 물론 세계적으로도 드물다.

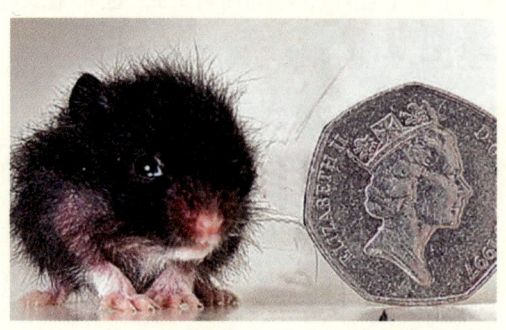

세상에서 가장 작은 햄스터 피위

　2003년 영국에서 태어난 골든 햄스터 피위는 생후 3주째부터 성장이 멈췄다. 피위의 형제들은 모두 정상적으로 자랐다. 피위는 식욕은 왕성했지만 어른 햄스터가 된 후에도 몸무게 28그램, 몸길이 2.5센티미터로 세상에서 가장 작은 햄스터로 기네스북에 올랐다.
　유전적으로 호르몬 분비가 되지 않거나 염색체이상으로 왜소증을 보이는 동물들이 있다. 피위도 왜소증일 가능성이 크다. 국내에도 성장이 멈춘 드워프 햄스터가 있다는 제보를 받은 적이 있는데 마찬가지의 원인일 것이다.

햄스터의 생김새

눈

햄스터는 시력이 좋지 않다. 멀리 있는 것은 보지 못하고 가까이 있는 사물만 분간할 수 있다. 일반적으로 육식동물은 양눈이 함께 보는 영역의 각도가 넓고 각각의 눈이 볼 수 있는 각도가 좁은 데 반해,

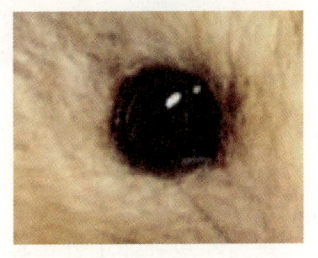

초식동물은 양눈이 함께 볼 수 있는 영역은 좁지만 각각의 눈이 볼 수 있는 영역은 넓다.

햄스터도 초식동물처럼 양눈이 함께 보는 각도가 좁아서 원근감과 초점은 육식동물에 비해 떨어지지만 각각의 눈이 볼 수 있는 각도가 넓어서 주변의 사물뿐 아니라 포식자의 위치와 움직임 등을 파악하기가 쉽다. 눈의 색에 따라 검은색, 붉은색, 와인색 눈으로 분류한다.

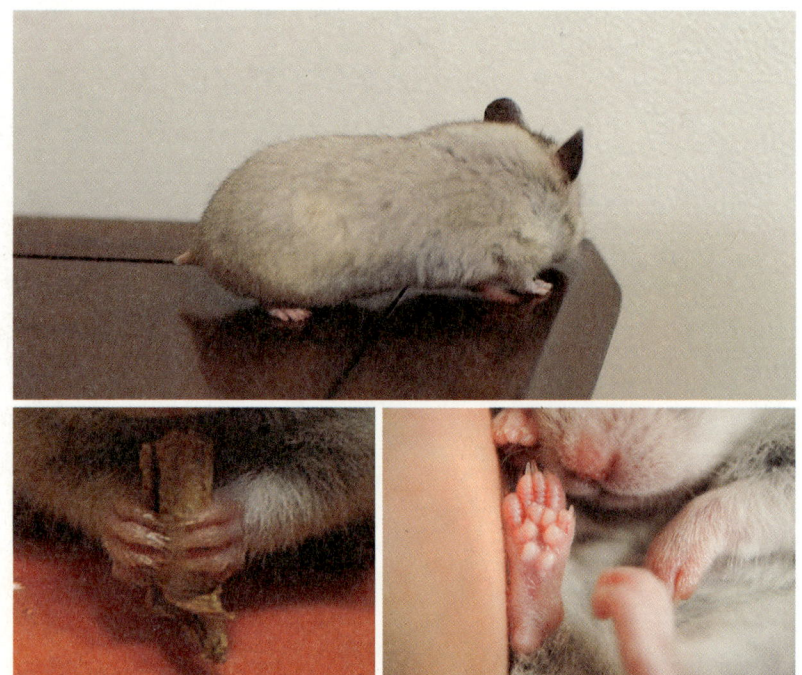

▲ 앞발.　　　　　　　　　　▲ 뒷발.

🐹 몸통과 다리

어깨가 발달되어 있고 몸체가 땅딸막해서 땅을 파기에 적합하다. 몸이 매우 유연해서 작은 틈새도 지나다닐 수 있다. 다리는 짧고 힘이 세다. 앞다리 힘이 무척 강하고 어깨가 발달되어 있기 때문에 앞다리로 온몸의 무게를 지탱할 수 있어 높은 구조물도 쉽게 오르내린다.

🐹 발

앞 발가락은 네 개, 뒤 발가락은 다섯 개이다. 발바닥에는 털이 없고 부드러운 분홍색 패드가 있어 물건을 잡기가 쉽다.

🐹 이빨

햄스터는 앞니가 자란 상태로 태어나는데 앞니는 일생 동안 계속 자라며, 윗니와 아랫니의 길이는 1:3으로 아랫니가 길다. 무엇이든 갉는 습성이 있는데 갉을거리가 부족해서 앞니를 제대로 닳게 하지 못하면 앞니가 과도하게 자라서 문제를 일으킨다. 이빨은 주로 노란색이며 나이가 들면서 주황색으로 바뀐다. 앞니와 안쪽 어금니만 있기 때문에 이빨 사이에 공간이 있어서 이 공간을 통해 볼주머니로 음식과 베딩 등을 넣었다 뺐다 할 수 있다.

🐹 볼주머니

햄스터의 양볼에는 입에서 어깨까지 연결된 큰 주머니인 볼주머니가 있다. 햄스터의 볼주머니는 다른 동물에게서는 쉽게 찾을 수 없는 특이한 구조로 먹이를 발견하면 이곳에 넣어서 옮긴 후 서식지의 먹이 창고에 비축한다. 또한 새끼가 위험에 처했을 때 볼주머니에 넣고 안전한 장소로 옮기는 용도로도 사용한다.

🐹 귀

어두운 곳에서 생활하는 돌고래, 박쥐, 야행성 부엉이와 마찬가지로 야행성인 햄스터도 시력보다는 청력에 의존해서 생활한다. 햄스터는 초음파를 통해 의사소통을 하며, 들을 수 있는 주파수의 범위가 낮에 활동하는 주행성 동물보다 넓다. 수컷 햄스터가 암컷을 찾을 때 초음파를 내는 빈도가 높아진다는 것이 연구를 통해 밝혀졌다.

코

햄스터는 야행성이고, 지하에서 생활하기 때문에 시력이 좋지 않은 반면 후각이 매우 발달했다. 먹이를 찾거나 포식자로부터 도망칠 때 시각과 후각을 동시에 사용한다. 또한 콧수염을 이용해 주변 사물을 감지하여 장애물의 위치와 현재 위치를 인식한다.

🐹 분비샘

햄스터는 흔히 취선이라고 하는 분비샘을 가지고 있는데 분비샘에서 나오는 냄새로 영역 표시를 하고, 짝짓기에도 사용한다. 나이가 들수록 피지가 쌓여 어두운 색으로 착색되고, 털로 덮인다. 분비샘은 보통 수컷에게만 있다고 알려져 있지만 몇몇 암컷에게서도 발견된다. 귀뒷샘은 모든 햄스터에게 있으며, 그루밍을 하면서 귀뒷샘의 냄새를 앞발에 묻힌 뒤 외출한다. 이런 행동은 외출 나간 길에 자신의 냄새를 묻혀서 집으로 돌아오는 길을 잃지 않기 위함이다. 골든 햄스터는 옆구리에, 드워프 햄스터는 배에 분비샘이 추가로 있다.

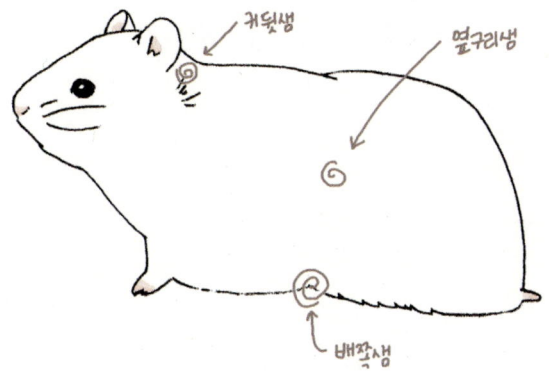

똥 먹는 햄스터, 식분증의 이유

　햄스터를 기르다 보면 똥을 먹이 옆에 모아 놓고 먹는 것을 볼 수 있다. 사람의 입장에서는 매우 황당한 일이지만 사실 이런 행동에도 이유가 있다. 햄스터가 먹는 음식에는 섬유소가 많아서 똥에 소화가 덜 된 영양이 남아 있는데, 이를 섭취하기 위해 한 번 더 먹는 것이다. 이렇게 똥을 먹는 행동을 전문 용어로 식분증coprophagy이라고 하는데 햄스터에게는 매우 정상적인 행동이다.

성별 구분하기

햄스터의 성별 구분이 중요한 이유는 햄스터와 잘 살기 위해서 꼭 필요하기 때문이다. 큰 동물과 달리 작은 동물은 성별 구분이 어려워서 입양처에서 말하는 대로 믿고 데려왔다가는 햄스터가 임신, 출산을 해서 숫자가 늘어 감당하지 못하는 상황이 될 수 있다. 햄스터는 케이지당 한 마리씩 단독 생활을 시켜야 함에도 불구하고 간혹 대형 마트, 펫숍 등 입양처에서 같은 암컷 또는 같은 수컷이라며 임신, 출산의 위험이 없으니 함께 키우라고 할 때가 있다. 하지만 그 말을 100퍼센트 믿어서는 안 된다. 햄스터에 대해서 잘 아는 전문가가 아니라면 성별 구분이 잘못된 경우가 많기 때문이다.

그러므로 스스로 성별 구분법을 알아두는 것이 좋다. 햄스터의 성별은 생식기와 항문 사이의 거리를 비교하여 감별한다. 또한 종마다 다르므로 꼼꼼하게 익혀야 한다.

🐹 골든 햄스터

골든 햄스터는 생식기와 항문의 거리로 성별 구분이 가능하다. 수컷이 암컷에 비해 생식기와 항문 사이가 2~3배 정도 길다. 하지만 어린 햄스터는 차이가 거의 없기 때문에 햄스터의 성 감별은 전문가도 쉽지 않다.

골든 햄스터의 경우 생후 4주 이상이 되어 성성숙이 시작되면 성 감별이 훨씬 쉬워진다. 수컷의 고환이 뚜렷하게 발달하여 옆이나 위에서도 관찰할 수 있기 때문에 배를 보지 않고도 감별할 수 있게 된다. 성성숙이 완전히 진행되면 고환 가운데에 있는 검은 구멍을 관찰할 수 있는데 그것이 바로 항문이다.

골든 햄스터 수컷은 고환이 뚜렷하게 크게 발달하기 때문에 고환을 깔고 앉아 그루밍하는 등의 행동을 쉽게 볼 수 있다. 반려인들은 고환을 '아르(R)'라는 애칭으로 부르기도 하는데, 눈에 띄게 크게 자라는 고환이 보기 싫어서 암컷을 선택하는 경우도 있다.

암컷 햄스터는 생후 5~6주경 성성숙이 이루어지면 꼬리를 하늘로 치켜드는 발정 자세를 취한다. 발정기는 4일에 한 번씩 오며, 발정기에 꼬리에서 1센티미터 위의 척추를 만지면 부동자세를 취한다. 이런 부동자세는 짝짓기 자세로 햄스터뿐만 아니라 개, 돼지 등 많은 동물에게서 나타나는 것으로 수컷의 짝짓기 행동이 쉽도록 자극에 반응하는 것이다.

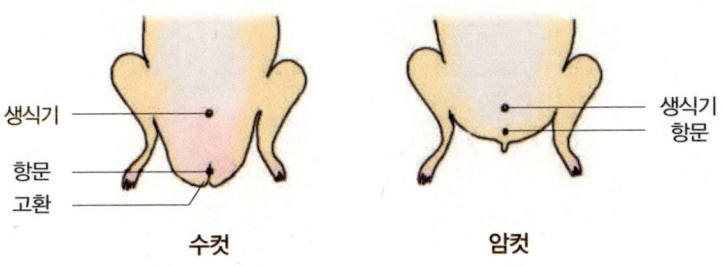

🐹 드워프 햄스터

드워프 햄스터는 성체가 되어도 수컷의 고환이 현저하게 발달하지 않기 때문에 배를 보지 않고는 성별을 확인하기가 어렵다. 어린 드워프 햄스터의 경우는 워낙 작기 때문에 생식기와 항문 사이의 거리로 구별하기가 다소 까다로워 헷갈리기 쉽지만 어쨌든 햄스터 성별 구분의 원칙은 동일하다. 생식기와 항문 사이의 길이가 긴 쪽이 수컷이고, 가까운 쪽이 암컷이다. 드워프 햄스터의 배 분비샘은 드물게 암컷도 발달하는 경우가 있어서 분비샘으로 성별 구분을 하기는 어렵다.

드워프 햄스터는 이처럼 골든 햄스터보다 성별 구분이 더 어려우므로 입양처에서 같은 암컷, 같은 수컷이니 두 마리 함께 키우라고 하는 말을 그대로 믿어서는 안 된다.

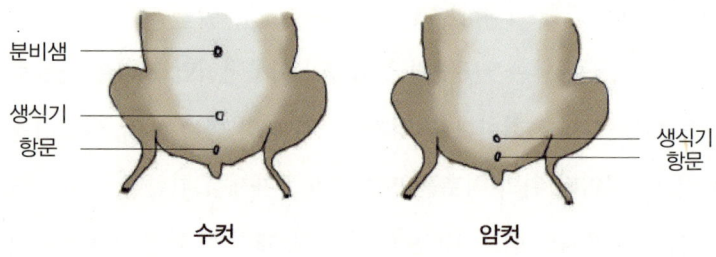

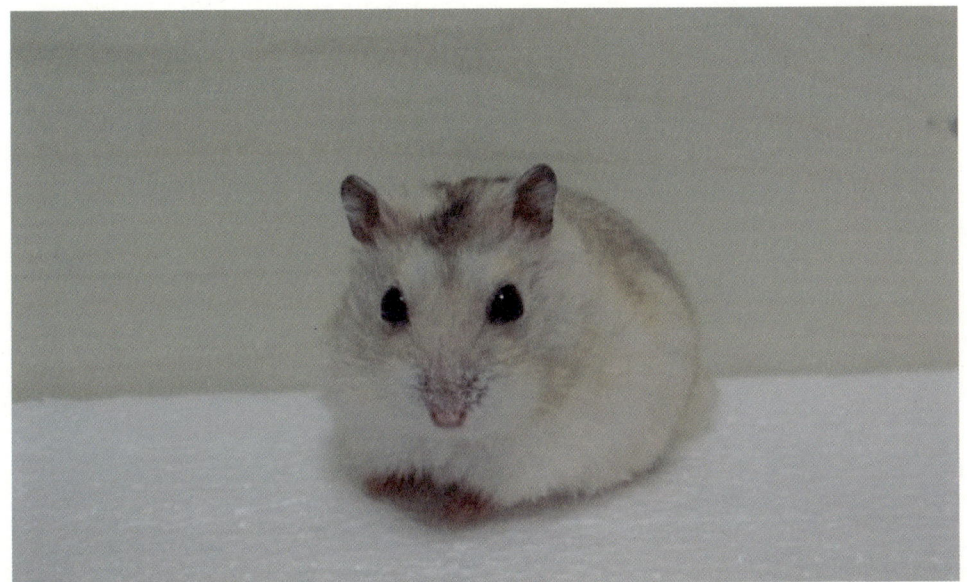

🔺 배를 보지 않고는 성별을 구별하기 어려운 드워프 햄스터.
▲ 생식기와 항문 사이가 긴 수컷 드워프 햄스터.

Illust 김소영

2장 햄스터 입양하기

햄스터를 입양할 수 있는 곳

🐹 가정집

일반적으로 평소 알고 지내던 지인으로부터 햄스터를 입양하는 경우가 많다. 햄스터에 대해 잘 알고 기르는 집이라면 어미에게서 충분히 보살핌을 받아 건강한 햄스터일 가능성이 높고, 새끼 때부터 사람 손에 익숙한 경우가 많은 것이 장점이다. 인터넷 카페 등 동호회를 통해서 입양하는 경우도 늘고 있는데 동호회 활동을 하며 전 주인과 유대 관계를 쌓으면서 햄스터 기르기에 대한 정보를 얻을 수도 있고, 입양할 햄스터가 어떤 환경에서 어떻게 키워졌는지 알 수 있으므로 좋다.

🐹 펫숍

펫숍에서 파는 햄스터는 자체적으로 번식했거나 농장에서 데려온 경우가 많다. 펫숍에서 입양할 경우에는 필요한 용품을 함께 구입할 수 있고, 개체수가 많은 만큼 여러 종류의 햄스터를 관찰한 후

에 원하는 햄스터를 고를 수 있다는 장점이 있다.

하지만 펫숍의 경우는 한꺼번에 많은 햄스터를 한 케이지에 넣어 두기 때문에 전염성 질환의 위험이 있다. 때문에 펫숍에서 건강한 햄스터를 입양하려면 움직임, 겉모습 등을 주의 깊게 관찰해야 한다. 또한 햄스터의 크기와 상관없이 여러 햄스터가 함께 있어서 나이가 많은 햄스터가 어린 햄스터를 공격하거나 서로 싸워서 상처를 입은 경우가 많으므로 건강한 햄스터를 선택하기가 어렵다.

🐹 대형 마트

최근에는 접근성이 좋은 대형 마트에서도 햄스터를 많이 분양하는데 펫숍에 비해 가격이 비싸다. 하지만 가정 분양보다는 선택할 수 있는 종이 다양하며, 용품을 함께 구입할 수 있다는 장점이 있다.

마트에서 입양할 때는 애완동물 코너 담당자가 햄스터 전문가가 아니기 때문에 알려 주는 내용이 100퍼센트 정확하지 않다는 사실을 항상 염

두에 둬야 한다. 햄스터를 여러 마리 키워도 되고, 성별이 같으므로 함께 키워도 된다는 매장 판매원의 말을 모두 믿어서는 안 된다. 담당자의 비전문적인 말에 귀기울이지 말고 반드시 건강한 햄스터를 한 마리만 골라서 최대한 큰 케이지에 넣어서 집으로 데리고 와야 한다.

유기동물 보호소

유기동물 보호소에서 갈 곳이 없는 유기 햄스터를 입양하면 안락사의 위험에 처해 있는 한 생명을 구할 수 있다. 현행법상 유기동물 보호소의 햄스터는 공고일로부터 10일이 지나면 안락사한다. 유기 햄스터는 사람 손에 익숙한 경우도 많기 때문에 핸들링이 수월할 수 있다는 장점이 있

지만 어린 햄스터가 별로 없다는 점이 단점이다.

유기동물 보호소에서 유기 햄스터를 입양하는 절차는 다음과 같다.

① 국가동물보호정보관리시스템(www.animal.go.kr)에 접속한 후 상단에 있는 '유기동물·동물보호소' 메뉴를 선택한 후 '공고'를 클릭한다.

② 날짜와 가까운 지역을 선택한 후 '품종'은 기타를 선택해서 조회한다. 가까운 구에서 입양 가능한 햄스터가 없다면 범위를 넓혀서 조회한다.

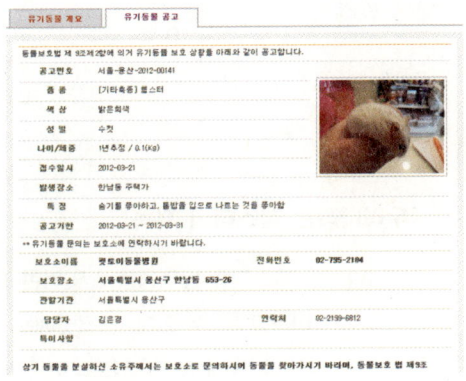

③ 입양하고 싶은 햄스터가 있으면 사진 아래의 '자세히 보기'를 클릭한다. 공고번호와 햄스터의 특징, 발견된 장소 등이 적혀 있다. 보호소 전화번호로 연락해서 입양 절차를 문의한다.

④ 전화로 약속한 날짜에 신분증 복사본 두 장, 이동장 등을 준비해서 유기동물 보호소를 방문한다. 방문 후 입양 계약서를 작성한다. 신청자 본인이 직접 방문해야 입양이 진행되며, 미성년자는 부모와 함께 방문해야 한다.

우리나라는 햄스터의 지옥

우리나라는 햄스터를 반려동물로 맞이한 지 20년이 지났지만 여전히 햄스터의 지옥이라고 할 수 있다. 인터넷에는 햄스터는 병에 걸리지 않는다는 잘못된 정보와 '싸게 살 수' 있으니까 돈이 없어도 키울 수 있다는 글이 버젓이 올라온다. 또한 아직도 택배로 보내진다. 인터넷으로 주문한 햄스터는 '생물'이라는 스티커만 붙여진 채로 일반 화물과 함께 배송된다. 좁은 박스에 갇힌 채 시끄럽고, 흔들리고, 춥고 더운 극한의 환경에서 새끼 햄스터는 극도의 공포와 스트레스를 받게 된다. 이런 식의 배송 때문에 이빨이 부러지거나 눈이 다치거나 다리가 부러진 햄스터 사례도 있다.

햄스터는 특히 어린아이들이 있는 집에서 많이 키우는 반려동물이다. 따라서 더욱 제대로 된 제도가 마련되어서 아이들에게 생명으로 다가갈 수 있도록 노력해야 한다. 그렇지 않으면 아이들은 첫 반려동물을 통해 생명의 소중함을 배우는 것이 아니라 생명을 경시하는 마음을 갖게 되기 때문이다. 엠브레인 트렌드모니터의 2012년 반려동물 관련 조사에 따르면 함께 사는 반려동물은 개가 78.4퍼센트, 고양이가 11.4퍼센트, 햄스터가 5.6퍼센트로 햄스터가 세 번째였다. 그런데 햄스터는 다른 반려동물에 비해 중학생 이하의 자녀를 둔 가정에서 많이 키우는 것으로 나타났다.

우리나라에서 햄스터가 생명으로 존중받지 못하는 이유로는 여러 가지를 들 수 있는데, 가장 큰 이유는 터무니없이 낮은 입양 가격이다. 2014년 우리나라의 햄스터 입양가는 약 1천5백~8천 원이다. 펫숍, 대형 마트, 인터넷 분양 시장에서 생명의 가격이라고 하기에는 너무나 헐값에 분양되고 있으며, 심지어 행사장, 전시장 등에서 어린이 손님을 끌려는 목적으로 무료 분양 이벤트도 벌인다.

과자 한두 봉지값에 생명을 구입할 수 있으니 부모 동의도 받지 않고 케이지도 없이 과자 박스에 햄스터만 '달랑' 데리고 가는 아이들이 많다. 하지만 이렇게 입양된 햄스터는 부모의 반대에 부딪쳐 버려지고, 햄스터 입양비보다 비싼 용품비와 의료비 때문에도 버려진다. 1천5백 원에 햄스터를 샀는데 케이지 비용이 이보다 비싸고, 의료비가 이보다 훨씬 비싸니 쉽게 버리는 것이다. 사료, 케이지, 간식, 베딩, 의료비 등 햄스터를 기르는 것은 1천5백 원으로 가능한 일이 아니다. 가까운 일본만 하더라도 햄스터 입양가는 우리 돈으로 3만~5만 원선으로 아이들이 쉽게 입양을 결정하기 어려운 가격이다. 그러나 암묵적으로 정해진 입양가를 갑자기 조절하기 어려운 것이 현실이다.

한 번은 병원 환자였던 햄스터가 새끼 여덟 마리를 낳아 맡아서 분양한 적이 있다. 지나가던 아이들이 햄스터를 데려가겠다고 애원했지만 나는 부모의 동의를 얻어야 분양을 해 준다고 했다. 그랬더니 아이들은 부모 동의를 쉽게 받지 못했고 여덟 마리를 모두 분양시키는 데 두 달 넘게 걸렸다.

햄스터를 보호할 수 있도록 제도가 개선되어야 한다. 생산, 판매에 대한 규제를 엄격하게 해서 환경이 제대로 갖춰지지 않은 곳의 생산과 판매를 규제한다면 과잉된 개체수가 조절되어서 분양 가격을 높일 수 있고, 부모 동의 없이는 미성년자가 햄스터를 입양할 수 없도록 하며, 생물을 택배를 통해 입양하는 것을 금지하는 등 햄스터를 생명으로 여기는 법 제정이 시급하다.

또한 햄스터의 습성에 관해 아이들에게 제대로 가르쳐야 한다. 햄스터를 입양하는 것은 생명을 책임지는 것이므로 햄스터의 습성에 맞춰 키워야 한다는 사실을 가르쳐야 한다. 현재는 그런 역할을 부모, 판매처, 학교 어느 곳에서도 하지 않고 있다. 이런 상황에서 아이들은 햄스터를 키우면서 생명의 소중함도 배우지 못하고, 2년의 시간이 지난 후 이별을 통해서도 관계의 소중함을 배우지 못한다. 그저 작고 귀여운 일찍 죽는 장난감일 뿐.

교육이 제대로 이뤄지지 않으면 햄스터는 아이들의 첫 동물학대 대상이 되기도 한다. 지금도 인터넷에는 햄스터를 믹서기에 넣거나 발로 밟아 죽이고, 파충류에게 먹이로 주면서 즐거워하는 글이 올라온다. 가장 약한 상대를 대상으로 폭력을 행사하면서 힘의 쾌감을 즐기는 경우인데, 아이들의 경우는 약한 동물이 그 대상이 되기 쉽고 그중에서도 햄스터가 가장 만만하다. 이렇게 어린 시절에 동물을 상대로 학대를 하던 아이들은 커서 인간을 상대로 학대를 되풀이한다는 연구 결과도 많다.

또한 햄스터의 습성을 몰라서 두 마리를 함께 키우다가 순식간에 숫자가 늘어나자 부모에게 관리를 잘 하지 못한다는 꾸중을 듣고 변기에 햄스터를 버린 후 물을 내리고, 마트의 햄스터 케이지 바닥에는 늘어난 햄스터 때문에 밀집 사육이 되어서 죽은 후 짓밟힌 햄스터가 떡처럼 말라붙어 죽어 있는 것이 현실이다.

생명을 입양하는 일은 물건을 구입하는 것과는 근본적으로 다르다. 그러므로 햄스터를 갖고 싶다고 아이들이 충동적으로 구매할 수 없도록 하는 여러 단계의 보호 장치가 필요하다. 또한 아직 판단력이 흐린 아이들에게 생명의 무게에 대해 한 번 더 생각할 수 있도록 교육하는 것이 어른들의 역할이다.

건강한 햄스터를 선택하는 방법

🐹 너무 어리거나 큰 햄스터는 피한다

태어난 지 몇 주 된 햄스터를 입양하는 게 가장 좋을까? 어떤 동물이든 어릴수록 작고 귀엽지만 반면에 어릴수록 면역력이 약해 질병에 취약하므로 무리에서 가장 작은 햄스터를 선택해서는 안 된다. 적어도 생후 4주가 지난 햄스터가 좋다. 이 정도가 되면 면역력도 높고 사람과도 쉽게 적응한다. 그런데 펫숍, 대형 마트 등에서 데려오면 햄스터의 정확한 나이를 알기가 어려우므로 정확한 나이를 알 수 있는 가정 분양이 좋다. 또한 핸들링에 익숙하지 않은 생후 12주가 지난 어른 햄스터는 사람 손을 무서워하는 경향이 있으므로 처음 기른다면 어려울 수 있다.

🐹 윤기가 있고 깨끗한 털

털은 동물의 건강 상태를 나타내는 지표이다. 그러므로 털의 상태를 가장 먼저 살핀다. 털에 윤기가 있으면 영양 상태가 좋다는 것이고, 털이 깨끗하면 햄스터가 털 관리에 지속적으로 신경을 쓸 정도로 건강하다는 뜻이다. 털이 빠진 부분은 없는지, 털이 푸석푸석한지 살핀다.

🐹 코와 항문

항문이 지저분하면 설사를 하고 있다는 증거로 햄스터의 설사는 치명적인 질병이므로 데려오지 않는다. 또한 콧물이 나서 코가 지저분하면 기관지염 등의 호흡기 질환일 가능성이 있다.

🐹 규칙적인 호흡

햄스터가 규칙적으로 호흡을 하는지 확인하려면 햄스터의 가슴이나 배 부분을 가만히 살펴보면 된다. 숨이 규칙적이지 않다면 폐, 심장 등의 순환기계에 질병이 있을 수 있다.

🐹 상처 없이 깨끗한 눈

펫숍이나 대형 마트의 햄스터는 대개 여러 마리가 함께 한 우리에서 생활하는 경우가 많다. 그런데 햄스터는 단독 생활을 하는 동물이므로 조금만 자라도 서로 싸우는데 그러다 보면 눈을 다치는 경우가 많다. 그러므로 두 눈을 잘 뜨고 있는지, 부은 곳은 없는지, 눈곱이 끼지는 않았는지 확인한다.

🐹 활동성

모든 동물에게 활동성은 건강의 척도이다. 자고 있는 햄스터보다는 활동적으로 움직이는 햄스터가 건강할 확률이 높다. 그런데 햄스터는 야행성이라 낮에는 대부분 자기 때문에 가능하면 늦게 데리러 가는 것이 활동성을 살펴보는 데 좋다.

물병을 잘 찾고 가구 등 장애물을 잘 비켜 다닌다면 시력이 좋다는 의미이다. 시력이 좋다면 눈앞의 장애물을 잘 비켜 다니는 것이 정상이다. 만약 사물에 잘 부딪치면 시력이 정상이 아니거나 신경계 쪽 질환을 가지고 있을 가능성이 높다.

걸을 때 네 다리 모두 땅에 잘 딛고 있는지도 살핀다. 한쪽 다리를 들고 걷는다면 다리에 문제가 있다는 신호이고, 다리에 힘을 주지 못하고 질질 끌고 다닌다면 골절 등을 의심할 수 있다.

햄스터 나이 예측법

입양할 때 햄스터의 나이를 정확하게 아는 것이 좋은데 펫숍, 대형 마트에서 구입한다면 정확하게 알기가 어렵다. 하지만 햄스터의 활동성, 건강 등을 고려해서 대략적인 나이를 파악할 수 있다. 햄스터의 수명은 2~3살. 노화에 관련된 증후는 생후 1년 6개월부터 나타난다.

활동성

어린 햄스터는 매우 활동적이다. 넘치는 에너지를 주체하지 못해 뛰고 갉고 파고 밖으로 나가려 한다. 어른 햄스터 또한 활동적이지만 2년이 되어 가면 잠이 는다. 늙은 햄스터는 하루의 대부분을 잠으로 보내고, 최소한으로만 움직인다.

털

젊은 햄스터의 털은 빽빽하고 두꺼우나 1년 반이 지나면서 털이 빠지기 시작한다. 털의 윤기가 떨어지고 듬성듬성하게 나 있으면 나이가 든 것이다.

피부

어린 햄스터의 피부색은 분홍색, 살구색, 털색과 같은 색이며 부드럽다. 나이가 들수록 피부가 거칠어지고 건조해져 각질이 보이기도 한다. 또한 털의 양이 줄어들어서 피부에 있는 반점이 보이기도 한다.

몸무게

핸들링을 할 때 몸이 부드럽고 뼈가 잘 느껴지지 않으면 1년령 미만이거나 청소년 햄스터일 가능성이 있다. 나이가 들수록 체중이 줄고 만졌을 때 뼈가 느껴진다.

입양 시 필수 구입 물품

어떤 종의 햄스터를 입양할지 결정했다면 입양 전에 필요한 용품을 먼저 준비한다. 새 생명을 가족으로 맞이하기 위한 기본적인 물품이 준비되었는지 다음의 체크 리스트를 통해 확인해 보자. 물품은 햄스터의 종에 따라 크기가 달라진다(자세한 설명은 〈4장 햄스터의 살림살이〉를 참고).

🐹 햄스터 집

케이지라고 부르는 햄스터 집은 앞으로 햄스터가 살아갈 공간으로 탈출하지 못할 정도의 높이와 견고함을 갖춰야 한다. 집의 크기는 어른이 되어도 살 수 있을 정도여야 한다. 보통 골든 햄스터는 80×40센티미터, 드워프 햄스터는 60×40센티미터 정도가 적당하고, 높이는 적어도 40센티미터 이상이어야 한다.

🐹 은신처

햄스터의 침실이 될 은신처는 햄스터가 정서적 안정을 얻고 새집에 적응할 수 있도록 도와주는 필수품이다.

🐹 이빨갈이용 나무

햄스터는 평생 앞니가 자라므로 앞니를 갈 수 있게 이빨갈이용 나무를 마련해 줘야 한다.

🐹 쳇바퀴

햄스터가 가장 좋아하는 장난감으로 쳇바퀴를 타며 적절한 운동을 해야 건강하게 자랄 수 있다. 발이 끼지 않도록 홈이 없는 것을 고른다.

🐹 이동장

햄스터를 입양할 때, 병원에 갈 때 등 이동할 일이 있을 때 사용한다. 곤충 채집을 할 때 사용하는 채집통을 사용해도 되고 시중에 나온 햄스터용 이동장을 사용해도 된다.

🐹 밥그릇

햄스터 밥그릇은 너무 높지 않은 것이 좋고, 사용 중 뒤집어지지 않도록 바닥이 편평하고, 무게가 있는 도자기 재질이 좋다. 입구가 바닥보다 넓은 종지그릇을 사용하면 밟아서 넘어뜨리는 경우가 많으므로 입구와 바닥의 넓이가 같은 원통형이 좋다.

🐹 급수기 또는 물그릇

물그릇을 사용해도 되지만 베딩 위생과 편리성을 위해 물그릇보다는 급수기를 추천한다. 80~120밀리리터 정도면 충분하다.

🐹 햄스터용 사료

코르크 마개처럼 생긴 익스트루전 사료와 혼합 곡물 사료를 구입한다.

🐹 베딩

설치류 등의 작은 동물을 기를 때 바닥에 깔아 주는 것을 통칭해서 베딩이라고 한다. 나무 톱밥형, 펄프형, 우드 펠릿형 등 여러 종류가 있다. 입양할 때는 입양처에서 사용하던 베딩을 쓰는 것이 안전하다. 베딩을 다른 것으로 교체하더라도 일단은 기존에 사용하던 베딩을 사용하다가 적응 기간이 지나면 소량씩 섞어서 바꿔 준다. 삼나무, 소나무 베딩은 알레르기 반응을 보이는 햄스터가 많으므로 처음에는 피하는 것이 좋다. 무베딩을 시도하는 경우도 많은데 햄스터의 정서적 안정에 도움이 되지 않으므로 베딩은 필수적으로 준비한다.

실전! 햄스터 입양하기

🐹 데려오기

입양할 햄스터를 선택했다면 이동장이나 채집통에 넣고 안전하고 신속하게 움직여 햄스터의 이동 스트레스를 최소화한다. 이동장에는 햄스터가 원래 깔고 있던 베딩을 깔아 주고, 이동 중 흔들리지 않도록 주의한다. 이동장이 없을 경우 페트병을 잘라 넣어올 수도 있는데, 공간이 좁아서 30분 이상 걸리는 오랜 이동에는 좋지 않다.

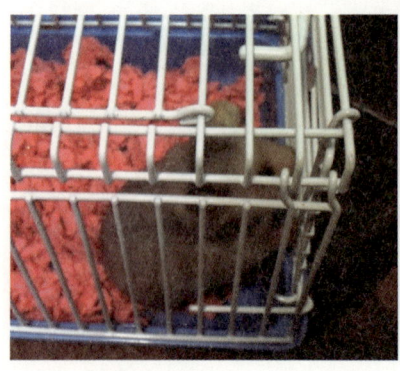

🐹 이동장에서 케이지로

집에 도착한 후 이동장에서 바로 케이지로 옮기지 말고 먼저 케이지를 안정적으로 마련한다. 케이지를 미리 정해 둔 위치로 옮기고 사료, 물, 베딩, 은신처, 쳇바퀴, 장난감 등이 제대로 갖춰졌는지 확인한다.

급수기는 가득 채우고, 사료는 익스트루전 3알 정도를 넣어 준다. 햄스터는 새로운 곳으로 이사한 첫날, 매우 예민해서 손으로 사료를 넣어 주면 손을 무서워할 가능성이 높다. 따라서 햄스터를 케이지로 이동시키기 전에 반드시 사료를 먼저 넣어 둔다.

케이지의 위치 선정과 내부 정돈이 끝나면 햄스터가 들어 있는 이동장을 조심스럽게 케이지에 넣고 이동장의 문을 열어 준다. 손으로 햄스터를 옮기지 말고 스스로 밖으로 나올 때까지 기다린다. 햄스터가 이동장을 나와 케이지 탐색을 시작하면 이동장을 천천히 밖으로 빼낸다.

그런 다음 집을 들여다보지 않고 멀리 떨어져 있는다. 집을 들여다본다거나 손을 넣어 쓰다듬으려는 행동은 절대 금물이다.

🐹 이름 정하기

햄스터와 살면서 햄스터가 개처럼 이름을 알아듣고 반응할 것이라는 기대는 하지 않는 것이 좋다. 다만 사료와 간식을 줄 때마다 이름을 부르면 어느 정도 지난 후 이름을 부를 때마다 밥을 준다는 것을 알고 반응한다.

이름은 햄스터와 사람 사이에 밥을 준다는 하나의 신호이므로 햄스터가 듣고 헷갈리지 않고 기억하기 좋은 것으로 한다. 이름을 지을 때 'ㅋ, ㅌ, ㅍ'의 거센소리나 'ㄲ, ㄸ, ㅃ'의 된소리가 들어가는 평소에 자주 발음

하지 않는 음절을 사용하거나 이름을 부를 때만 사용하는 특정한 억양을 넣는 것도 좋다. '카카, 까까, 빠따' 등 2음절이 좋고, 4음절까지 늘려도 상관없다.

적응 기간

햄스터에게 새집에 적응할 시간을 줘야 한다. 적응 기간은 3~7일 정도면 충분하다. 이 기간 동안에는 용품의 위치를 바꾸지 말고 조용히 밥과 물만 채워 준다. 햄스터 집 옆에서 계속 쳐다본다거나 큰 소리를 낸다거나 햄스터를 만진다거나, 햄스터 집 안에 손을 넣는 등 햄스터를 놀라게 해서는 안 된다.

입양 시 주의 사항

🐹 꼭 한 마리만 입양한다

햄스터는 다른 햄스터와 함께 사는 동물이 아니다. 어릴 때 함께 살았던 부모, 형제라도 성성숙이 이루어지고 본인의 영역을 찾을 시기가 되면 적이 된다. 야생에서는 적이 되어서 싸우다가 진 햄스터는 다른 곳으로 떠나면 되지만 햄스터 집에서 함께 사는 햄스터는 피할 곳이 없다. 그래서 싸움에 진 햄스터는 괴롭힘을 당하다가 결국 죽고 만다. 따라서 햄스터를 입양할 때는 반드시 한 마리만 입양한다.

종종 햄스터를 분양하는 곳에서 두 마리를 함께 입양하라고 권하는 경우가 있다. '두 마리를 한 집에서 길러야 외롭지 않다, 어미 햄스터는 새끼를 잡아먹지 않는다.' 등의 이야기로 사람들을 현혹시킨다. 이는 햄스터의 생태에 대해 무지한 다 틀린 이야기이다. 햄스터는 외로움을 타지 않으며, 새끼를 죽이는 이유는 어미 햄스터가 새끼를 키울 환경이 아니라고 판단하기 때문이다.

만일 사이가 좋은 수컷과 암컷을 한 마리씩 데려온다면 어떻게 될까? 운이 좋으면 암컷이 수컷을 죽이지 않을 수도 있다. 하지만 그 후에는 기하급수적으로 늘어나는 새끼와 구박받는 수컷, 스트레스로 새끼를 죽이고 수컷을 구박하는 암컷만 남을 것이다. 햄스터의 습성을 모르고 인간의 시각으로 키우면 감당하지 못할 상황을 맞게 된다.

한 마리의 암컷 햄스터가 일생 동안 몇 마리의 새끼를 낳을 수 있을지 산술적으로 계산해 보면 다음과 같다.

햄스터 암컷이 평생 낳는 새끼의 수

임신이 가능한 기간 : 생후 6~90주, 총 85주
발정기 : 4일에 한 번
임신 기간 : 평균 2주
이유 기간 : 평균 3주
한 번에 태어나는 새끼 수 : 6~8마리(평균 7마리)

$$\frac{7마리 \times 85주}{5주 + 0.573(4일)} = 약\ 107마리$$

단순 산술적 계산이라 차이는 있지만 대략 암컷 한 마리가 평생 낳을 수 있는 새끼의 수는 약 107마리이다. 암수를 함께 키운다면 5주에 한 번씩 태어나는 7마리의 새끼를 입양 보내야 하며 그런 일을 85주 동안 계속해야 한다. 과연 107마리의 새끼를 좋은 집으로 다 입양 보낼 능력이 될까? 그럴 자신이 없다면 애초부터 암수를 함께 키울 생각을 접어야 한다.

지금도 대형 마트, 펫숍, 유기동물 보호소에는 사람 가족을 기다리는 햄스터가 많다. 그러니 굳이 새로운 생명을 만들 이유가 없다. 햄스터는 꼭 한 마리만 입양하자.

🐹 한 케이지에 한 마리씩 키우기

암컷 둘 혹은 수컷 둘 등 동일한 성별의 햄스터를 데리고 오면 새끼 낳을 걱정 없이 한 케이지 안에서 기를 수 있을까? 영역의 개념이 생기기 전에는 가능할지도 모르지만 며칠 지나지 않아 금방 다투기 시작해서 다칠 정도로 싸움이 격해진다. 방치하면 결국 약한 쪽이 죽는다.

햄스터를 두 마리 이상 키우고 싶다면 한 케이지에 한 마리씩 넣어서 키워야 한다. 그러므로 햄스터를 한 마리 이상 키우고 싶다면 충분한 공간과 시간, 금전적 여유가 있어야 한다. 집은 물론 온갖 용품도 햄스터 숫자만큼 늘어나기 때문이다.

햄스터 한 마리에 필요한 공간은 골든 햄스터 80×40×40센티미터,

드워프 햄스터 60×40×40센티미터이다. 물론 다른 반려동물에 비하면 큰 공간이 아니지만 햄스터의 몸집에 비해서는 생각보다 큰 공간이다. 따라서 한 개 이상의 집을 놓을 공간이 충분한지, 베딩과 먹이뿐 아니라 쳇바퀴, 목욕통, 놀이기구 등을 두 배, 세 배로 준비할 금전적인 여유가 있는지, 청소와 관리에 충분한 시간을 투자할 수 있는지를 고려해야 한다. 여러 마리를 기르다가 생각보다 시간과 돈이 많이 들어서 파양하는 경우가 많으므로 처음부터 본인의 능력을 고려해서 입양해야 한다.

햄스터의 종이 서로 다르더라도 반드시 각자의 집을 준비해야 한다. 영역 동물인 햄스터의 특성 때문이다. 자신의 영역을 지키기 위해 싸우는 것은 종과 관계없이 모든 햄스터에게 해당된다.

그리고 각기 다른 집에서 기른다고 해도 성별이 같은 것이 좋다. 발정기의 암컷과 수컷은 초음파와 소리를 통해 서로 만나려고 안간힘을 쓴다. 암컷과 수컷 모두에게 만날 수 없는 존재는 서로에게 스트레스가 되고, 당연히 탈출 빈도가 높아진다. 예상치 못한 탈출로 둘이 만날 경우 임신으로 이어지기도 한다. 임신이 너무 이를 경우 어미의 몸에 무리가 가서 카니발리즘이나 육아 포기 현상이 나타나기도 한다.

그래도 성별이 다른 햄스터를 기르겠다면 각기 다른 방에서 키워야 한다. 그래야 원치 않는 임신을 막을 수 있다. 방에서 산책시킬 때도 각자 다른 시간에 시킨다.

근친교배로 인한 유전 질환

햄스터를 비롯한 모든 자연계의 생명체는 다양한 유전자를 가지고 있고, 유전자는 대부분 이른바 '유전자의 힘'에 따라 우성과 열성으로 구분된다. 예를 들어 검은색 털 유전자가 우성이고, 노란색 털 유전자가 열성일 때 엄마로부터 검은색 털 유전자, 아빠로부터 노란색 털 유전자를 물려받았다면 검은색 털 유전자가 우성이므로 검은색 털이 나온다. 물론 새끼는 두 유전자를 모두 가지고 있다. 이를 전문 용어로 표현형 우성발현이라고 한다.

모든 생명체는 환경에 적응하기 좋은 유전자가 발현되게끔 진화되어 왔다. 햇빛이 강한 적도 부근의 사람은 강한 검은색 피부를 갖고, 햇빛이 약한 곳의 사람은 백색 피부를 갖게 된 것도 같은 원리이다. 이것이 자연선택설이다.

이렇듯 생명체는 환경에 맞춰 건강한 삶을 누리기 위해 유전자를 조절해 왔다. 예를 들어 해바라기씨를 먹으면 죽는 유전자를 가진 햄스터가 있다면 해바라기씨를 먹어도 괜찮은 햄스터와 교배해서 우성 유전자를 받는다. 그러면 새끼들은 살아남을 수 있다.

하지만 햄스터를 계속 근친교배한다면 열성 유전 질환이 나타날 수 있다. 한 케이지에서 여러 마리의 햄스터를 키운다면 한 부모 밑에서 난 새끼들끼리 또 새끼를 만들면서 숨겨져 있던 질환이 드러나게 된다. 실제로 근친교배로 인해 드러나는 햄스터의 유전 질환으로는 척추변성증, 무안구증, 왜소증 등이 있다.

일부러 근친교배를 시켜서 유전병을 드러나게 한 후 동물실험에 이용하기도 하지만 일반적인 경우 근친교배를 엄격하게 금지해야 한다. 그러므로 집에서 햄스터를 기르는 경우에는 근친교배를 막기 위해 반드시 한 케이지에 한 마리씩만 키워야 한다.

🐹 개, 고양이와 함께 키우기

　야생에서 햄스터는 개, 고양이, 페럿을 포함한 육식동물이나 잡식동물의 먹이이다. 그러므로 햄스터를 다른 동물과 함께 기르고자 한다면 동물의 성향을 잘 파악해야 한다.

　만약 함께 키우다가 다른 반려동물이 햄스터를 해코지했다면 그것은 동물의 잘못이 아니라 천적 관계의 동물을 함께 키운 사람의 잘못이다.

　개나 고양이는 교육에 따라 공격하지 못하도록 할 수 있지만 어린 고양이는 교육을 해도 호기심을 자제하기 어렵다. 또한 페럿은 야생성이 상당하므로 페럿과의 동거는 불가능하다. 개와 고양이가 교육이 되었다고 해도 위험한 것은 마찬가지이므로 햄스터를 함께 기르고 싶다면 신경을 많이 써야 한다.

  우선 햄스터 집을 높은 곳에 둔다. 그러면 개의 공격은 막을 수 있다. 하지만 고양이는 높은 곳에도 쉽게 올라가므로 고양이가 햄스터 집 근처에 가면 즉시 잡아서 근처에 가지 못하도록 해야 한다. 또한 햄스터가 집에서 탈출할 경우를 대비해서 케이지가 있는 방문은 항상 닫아 둔다.

햄스터 입양의 장점과 단점

장점

햄스터는 매력이 많아 전 세계적으로 반려동물로서 사랑받고 있다. 다른 종에 비해 어떤 점이 매력적인 것일까? 일단 햄스터는 작아서 기르는 데 그리 넓은 공간이 필요하지 않고, 다른 반려동물에 비해 입양비와 용품 값이 저렴하며, 유지비도 적게 든다. 하지만 유의할 점은 입양할 때보다 기르는 데 비용이 훨씬 더 많이 든다는 것이다.

어린아이와 함께 산다면 아이가 햄스터의 습성, 생활 방식, 놀이 등을 지켜보면서 내가 아닌 다른 생명의 신비를 처음으로 느낄 수 있고, 부모가 잘 교육시킨다면 책임감과 생명을 존중하는 마음을 배울 수 있다.

햄스터는 독립적인 동물이기 때문에 한 마리만 길러도 외로움을 타지 않고 조용하며 개처럼 주인의 손길을 기다리지도 않기 때문에 바쁜 현대인에게 좋은 동반자이다.

🐹 단점

단점이라기보다 슬픈 점으로, 수명이 짧다는 것이다. 햄스터의 수명은 평균 2년. 따라서 햄스터를 입양하는 순간부터 이별을 생각할 수밖에 없다. 어린아이라면 처음으로 죽음을 경험할 수 있다. 죽음에 대해 깊이 생각하는 계기가 될 수도 있지만 이별의 충격이 심할 수도 있으므로 부모의 도움이 필요하다.

햄스터는 시끄럽지 않지만 야행성이라 한밤중에 들리는 쳇바퀴 소리는 귀에 거슬릴 수 있다. 야행성이라서 반려인이 자기 직전과 아침 무렵에만 활발하게 움직이는 모습을 볼 수 있어서 아쉽다. 또한 먼 거리를 이동하며 먹이를 찾는 습성이 있어서 케이지의 문단속에 신경을 쓰지 않으면 자주 탈출한다. 탈출한 뒤에 다시 집으로 돌아오기도 하지만 영영 사라지기도 한다. 그래서 햄스터 탈출을 막고, 탈출한 햄스터를 구출하느라 많은 시간을 보내기도 한다.

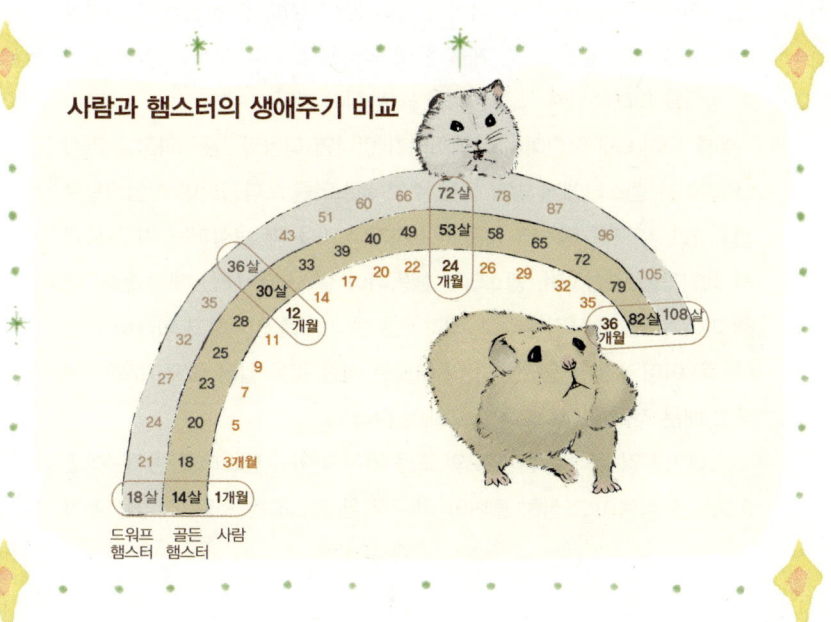

사람과 햄스터의 생애주기 비교

햄스터가 냄새가 나서 기르기 힘들다고 말하는 사람도 있지만 오해이다. 흔히 햄스터 냄새라고 알고 있는 냄새는 나무 톱밥에 햄스터의 오줌이 묻어서 나는 것이다. 햄스터는 자기 집 구석에 오줌을 누므로 톱밥을 매일 갈아 주면 냄새에서 해방될 수 있다.

햄스터 학대 사건과 부모의 역할

햄스터에 관심이 없는 사람이라도 일련의 햄스터 학대 사건을 기억할 것이다. 햄스터 믹서기 사건, 햄스터 해부 사건 등 믿기 어려울 정도로 잔인한 동물학대가 어린아이들에 의해 이뤄졌다는 점은 큰 충격이다. 아이들은 왜 귀엽다고 데려온 햄스터를 잔인하게 죽이고 보란 듯 사진을 찍어 공유하는 것일까?

미국의 심리학자 브루너에 따르면 아이는 환경을 이해하고 표현하는 능력과 함께 인지 능력이 발달한다. 아이의 인지 능력은 놀이와 감각을 통한 직접적인 경험, 그림, 이미지 등을 통한 경험, 언어 등의 상징적인 기호 등을 통한 경험의 3단계를 통해 학습된다. 이때 부모가 아이의 인지 능력을 최대화시켜 학습 능력을 높여 줘야 한다.

예를 들어 6세 어린아이와 햄스터가 만나면 다음과 같은 과정을 거친다. 아이는 햄스터에게 밥과 물을 주고 햄스터를 쓰다듬으며 직접적으로 접촉하고, 부모가 햄스터 집을 청소하거나 아플 때 보살피는 것을 보면서 책임감을 경험하며, 햄스터의 행동이나 햄스터에 대한 애정 등에 대해 이야기하면서 생명 존중과 배려라는 큰 가치를 인지하고 학습하게 된다. 즉, 아이의 발달 단계에 따라 부모는 어떤 것을 알려 줄지 계획을 세우고 배운 것을 실천하도록 유도해야 한다.

하지만 만일 제대로 된 부모의 도움 없이 아이와 햄스터를 방치한다면 아이들은 동물이 조심히 돌봐야 하는 약한 존재라는 것도, 책임을 져야

한다는 것도, 애정을 줘야 한다는 것도 알 수 없게 된다. 그럴 경우 아이는 햄스터를 장난감으로 여겨 내가 필요할 때 꺼내서 놀다가 귀찮으면 마음대로 해도 되는 물건처럼 생각하게 된다. 그렇게 자란 아이가 감정을 조절하지 못한다면 햄스터 학대 사건이 발생할 것이다.

햄스터는 작고 약하기 때문에 아이들의 분노의 대상이 되기 쉬운 존재이다. 그러므로 부모로부터 무엇을 배우느냐에 따라 아이는 햄스터는 물론 모든 동물과 사람을 대하는 방식이 달라진다. 아이에게 햄스터 기르기가 좋은 영향을 미치기를 바란다면 먼저 부모가 햄스터에 대해 공부하고 적절한 감시와 지도 아래 기를 수 있도록 해야 한다. 그렇게 해야만 많은 연구자와 미디어가 말하는 반려동물을 통해서 아이의 감성은 물론 지능까지 좋아진다는 수많은 효과를 누릴 수 있다.

햄스터를 입양하는 우리의 약속 6

🐹 한 케이지에 한 마리씩

햄스터의 독립성은 햄스터 반려인이 꼭 기억하고 배려해야 하는 특성이다. 햄스터는 야생에서도 혼자 살아가는 동물이다. 그런데 사람의 시각으로 햄스터가 '외로워 보인다'고 생각해 다른 햄스터를 합사시키면 서로 죽이고 잡아먹는 비극을 보게 될 것이다.

🐹 핸들링을 좋아하지 않는 습성을 존중한다

햄스터는 야생성을 그대로 지니고 있다. 자연계 먹이사슬의 최하층에 위치하는 포유류인 햄스터는 자기보다 큰 존재를 모두 적으로 인식해서 사람의 손이 먹이를 준다는 사실을 인지한다고 해도 모든 경계를 풀기는 쉽지 않다. 따라서 햄스터는 개나 고양이처럼 함께 놀고 산책하고 쓰다듬는 동물이 아니라 '바라보는' 동물이다. 햄스터를 핸들링할 때 이 점을 유의해야 한다.

햄스터에게 갑자기 다가가 놀라게 하거나, 핸들링을 무서워하는데도 무리해서 진행하다가는 잦은 스트레스로 병에 걸릴 위험이 높아진다. 또한 낯선 환경에서는 흥분할 경우 익숙한 손이라도 거부하고 뛰쳐나갈 수 있다. 그러다가 미아가 될 수도 있으므로 굳이 햄스터와 함께 외출해서 핸들링을 시도할 필요는 없다.

🐹 자고 있을 때 깨우지 않는다

햄스터는 야행성이라 주로 낮에 잠을 자며 하루에 14시간 이상 잠을 잔다. 종류별, 개체별로 약간의 차이가 있지만 대체로 골든 햄스터는 잠을 연달아 자고, 드워프 햄스터는 2~3시간에 한 번씩 일어나 밥을 먹고 다시 잠을 잔다.

햄스터는 잠을 자면서 호르몬 분비를 통해 면역계를 강화하고, 밤 활

은신처에서 잠든 모습.

동 시간 동안 쌓인 스트레스를 풀며, 뇌를 휴식시키는 등 조절 활동을 한다. 따라서 햄스터가 자고 있을 때는 깨우지 말고 푹 잘 수 있도록 기다려야 건강하게 살 수 있다. 이처럼 모든 생물은 고유의 생리, 대사, 행동, 노화 등을 담당하는 '생체 시계'가 있어서 시간에 따라 생체리듬을 유지한다.

책임감을 갖고 돌본다

햄스터에게 맞는 사료와 신선한 물, 위생적인 환경은 햄스터 반려인이면 당연히 제공해야 하는 의무이다. 반려인은 영양을 잘 공급해서 햄스터가 건강을 유지하고, 환경을 위생적으로 관리해서 햄스터를 질병으로부터 보호해야 한다. 햄스터에게 매일 밥과 물을 챙겨 줄 자신이 없다면 기르지 않는 것이 좋다. 케이지 청소를 최소 일주일에 한 번 해서 배설물 냄새를 없애고, 눅눅한 베딩을 갈아 주지 않으면 방치형 동물학대가 된다. 스스로 얼마나 책임감 있게 돌볼 수 있는지 생각한 뒤에 입양을 결정한다.

햄스터의 삶의 질을 높이기 위해 노력한다

야생에서 햄스터는 밤새 탐험하고, 하루에 수십 킬로미터를 이동하므로 아무리 큰 집을 준다고 해도 햄스터에게는 좁다. 활동적인 햄스터가 평생을 살아갈 공간이므로 집은 가능한 한 큰 것으로 준비하고, 안에는 답답하지 않도록 쳇바퀴, 사다리, 시소 등의 놀이기구와 미로를 설치해 햄스터의 삶의 질을 높여 준다.

🐹 책임지고 새로운 가족을 찾는다

햄스터를 버리는 것은 죽음으로 내모는 것이다. '기를 사람은 데려다 기르세요.'라는 메모와 함께 아파트 입구나 쓰레기장에 햄스터를 버리는 경우가 많은데 버림받은 햄스터는 대부분 유기동물 보호소로 보내져 안락사 당하거나, 굶어 죽거나, 탈수로 죽거나, 다른 동물의 먹이가 되어 죽는다. 피치 못할 사정으로 햄스터를 기를 수 없게 된다면 시간이 오래 걸리더라도 햄스터가 수명을 다할 때까지 안전하게 길러 줄 수 있는 사람을 찾아야 한다. 하지만 일단 입양을 보냈더라도 누군가 키우던 햄스터를 분양받아 키우는 사람은 책임감이 떨어져서 파양할 확률이 높다. 그러므로 언젠가 파양할 때 그냥 버리지 말고 꼭 다시 원래 반려인에게 연락한다는 약속을 받아야 한다.

햄스터를 산에 풀어 주면 잘 살까?

햄스터는 우리나라의 토종 동물이 아니다. 그래서 우리나라의 토양과 기후에 적응하기가 어렵다. 햄스터는 사막모래 지형에서 굴을 파고 사는데 우리나라의 토양은 강도가 강해서 굴을 만들지 못한다. 햄스터는 굴이 없으면 숨을 곳이 없기 때문에 안전한 은신처가 없는 상태에서 여기저기 기웃거리다가 굶주린 사냥꾼인 뱀, 너구리, 고양이 등의 먹잇감이 된다.

햄스터를 버리면 동물보호법 위반으로 과태료 1백만 원!

아래는 동물보호법의 일부이다. 햄스터를 포함한 반려동물을 기르는 모든 사람에게 해당된다.

동물보호법
제8조(동물학대 등의 금지)
① 누구든지 동물에 대하여 다음 각 호의 행위를 하여서는 아니 된다.
    1. 목을 매다는 등의 잔인한 방법으로 죽이는 행위
    2. 노상 등 공개된 장소에서 죽이거나 같은 종류의 다른 동물이 보는 앞에서 죽이는 행위
    3. 그밖에 수의학적 처치의 필요, 동물로 인한 사람의 생명·신체·재산의 피해 등 농림수산식품부령으로 정하는 정당한 사유 없이 죽이는 행위

② 누구든지 동물에 대하여 다음 각 호의 학대행위를 하여서는 아니 된다.
    1. 도구·약물을 사용하여 상해를 입히는 행위. 다만, 질병의 예방이나 치료 등 농림수산식품부령으로 정하는 경우는 제외한다.
    2. 살아 있는 상태에서 동물의 신체를 손상하거나 체액을 채취하거나 체액을 채취하기 위한 장치를 설치하는 행위. 다만, 질병의 치료 및 동물실험

등 농림수산식품부령으로 정하는 경우는 제외한다.
3. 도박·광고·오락·유흥 등의 목적으로 동물에게 상해를 입히는 행위. 다만, 민속경기 등 농림수산식품부령으로 정하는 경우는 제외한다.
4. 그밖에 수의학적 처치의 필요, 동물로 인한 사람의 생명·신체·재산의 피해 등 농림수산식품부령으로 정하는 정당한 사유 없이 상해를 입히는 행위

(중략)

④ 소유자 등은 동물을 유기(遺棄)하여서는 아니 된다.

제47조(과태료)
① 다음 각 호의 어느 하나에 해당하는 자에게는 100만 원 이하의 과태료를 부과한다.
1. 제8조 제4항을 위반하여 동물을 유기한 소유자 등

(이하 생략)

Illust 김소영

3장 햄스터를 위한 건강한 먹을거리

햄스터 먹을거리의 종류

 햄스터는 잡식성이어서 채소, 과일, 동물성 식품, 곡류, 사료 등을 골고루 먹는다. 따라서 초식동물인 기니피그나 토끼의 사료를 주식으로 주면 영양 섭취가 제대로 되지 않아 영양성 질병에 걸리기 쉽고, 햄스터가 좋아하는 해바라기씨 등 고열량 곡류만 많이 주면 비만이 되어 각종 성인병에 걸릴 수 있다. 햄스터에게 필요한 영양소는 다음과 같으므로 여기에 맞춰서 식단을 짜야 한다.

햄스터의 필수 영양 성분과 권장 영양량

필수 영양 성분	평상시	어린 햄스터, 임신, 출산기
단백질	12~16퍼센트	16~20퍼센트
지방	3~6퍼센트	5~7퍼센트
탄수화물	65퍼센트	60퍼센트
물	체중 100그램당 하루에 10밀리리터	

🐹 혼합 사료

혼합 사료는 햄스터의 먹을거리로 가장 많이 이용하는 것으로 해바라기씨, 곡류, 야채, 과일, 곡물 플레이크, 펠릿(단단하게 뭉쳐진 알맹이 사료) 등 건조된 식재료가 혼합된 것이다. 혼합 사료는 제품마다 영양 성분량이 다르고, 햄스터가 좋아하는 먹이만 골라 먹어 편식할 수 있다는 것이 단점이다. 주로 혼합 사료를 먹일 때는 간식으로 건초나 건야채를 함께 주는 것을 추천한다(96~99쪽 참조). 혼합 사료는 지방이 높은 것이 많고 편식으로 영양 불균형을 초래할 수 있으므로 하루에 2~3티스푼 정도를 주고, 익스트루전과 함께 주는 것이 좋다. 흔히 구할 수 있는 혼합 사료 두 가지의 영양 성분을 비교해 보자.

혼합 사료의 영양 성분 비교표

	A사	B사
조단백	11.3퍼센트 이상	12.0퍼센트 이상
조지방	7.9퍼센트 이상	4퍼센트 이상
칼슘	0.16퍼센트 이상	0.3퍼센트 이상~0.8퍼센트 이하
인	1.0퍼센트 이하	0.3퍼센트 이하
조섬유	8.2퍼센트 이하	11퍼센트 이하
조회분	3.3퍼센트 이하	-

* 조단백은 단백질 원료를 모두 합한 것이고, 조지방은 지방 원료를 모두 합한 것이다. 칼슘과 인은 뼈와 치아에 필요한 무기질이고, 조섬유는 식이섬유로 사료 내의 셀룰로스, 펜토산 등 소화효소로 소화할 수 없는 섬유질을 합한 것이다. 조회분은 사료 중 무기질의 총량을 말하지만 사료를 연소시킨 후 확인하는 방법이라 엄밀하게 말해 무기질 총량을 대표하지는 않아 영양가 평가에 직접적인 영향을 미치지 않는다.

앞의 비교표를 살펴보면 조지방이 A사 7.9퍼센트 이상, B사 4퍼센트 이상으로 차이가 많이 난다. 만일 햄스터가 임신을 했거나 성장기의 새끼라면 지방이 많은 A사 사료가 좋지만, 일반적인 상황이라면 A사 사료를 먹이면 비만이 될 가능성이 높다. 조단백 함량은 A사 11.3퍼센트 이상, B사 12.0퍼센트 이상으로 둘 다 조금 부족하다. 이처럼 혼합 사료를 주식으로 사용할 때는 성분 표시량을 꼼꼼히 살펴 필요한 영양을 제공할 수 있는 사료인지 확인한 후 선택해야 한다.

해바라기씨 사료 등 펠릿 없이 씨앗으로만 이루어진 사료는 피하는 것이 좋다. 씨앗을 주식으로 먹은 햄스터는 나이가 들어서 골다공증이 많이 발생했다는 보고가 있다.

🐹 과일, 야채

과일이나 야채는 신선한 것으로 소량을 급여한다. 포도, 양파 등 특별히 급여가 금지된 것을 제외한 딸기, 호박, 당근, 사과, 바나나, 파인애플, 치커리, 옥수수, 민들레 잎, 케일, 고구마 등 대부분의 과일과 야채는 급여가 가능하다. 다만 집에서 기르는 관상용 화초는 독성이 있는 것이 많으므로 먹이지 않는다. 한 번에 많은 양을 주면 설사를 할 수 있으므로 처음 줄 때는 한 번에 반 티스푼 정도만 급여하고 이상이 없으면 조금씩 늘려 한 티스푼 반 정도까지 급여한다. 과일, 야채는 기본적으로 하루에 한 번 주는데 꼭 매일 먹여야 하는 것은 아니다. 2~3일에 한 번 줘도 된다. 과일과 야채는 빨리 상하므로 햄스터가 먹지 않고 먹이 창고에 쌓아둘 경우 한나절이 지나면 바로 치운다.

🐹 동물성 단백질

혼합 사료에도 단백질은 들어 있지만 부족한 경우가 많으므로 일주일에 두세 번 정도 동물성 단백질을 따로 주는 것이 좋다. 동물성 단백질에는 밀웜, 귀뚜라미, 건새우 등이 있다.

	단백질	지방	섬유소	수분
밀웜	19.7퍼센트	9.8퍼센트	2.6퍼센트	66.0퍼센트
건조 밀웜	58.0퍼센트	28.0퍼센트	7.0퍼센트	0.02퍼센트
귀뚜라미	17.5퍼센트	4.8퍼센트	1.4퍼센트	76.3퍼센트
건새우	45.0퍼센트	5.4퍼센트	22퍼센트	0.02퍼센트

★ 밀웜 meal worm

밀웜은 몸길이가 15~30밀리미터 정도 되는 어두운 갈색의 긴 벌레로 딱정벌레의 유충이다. 주로 곡식을 먹고 살기 때문에 해충으로 분류되며, 최근에는 새, 고슴도치, 거미, 물고기, 햄스터 등의 먹이로 많이 길러진다. 먹이기 편하게 동결 건조, 열풍 건조 등의 방법으로 말린 건조 밀웜, 살아 있는 밀웜도 판매된다.

밀웜은 구하기 쉽고 기호성도 좋은 동물성 단백질이지만 지방 함량이 높으므로 많은 양을 줄 경우 해바라기씨와 마찬가지로 비만을 유발할 수 있다. 보통 일주일에 두세 번 주고 한 번에 두 마리 정도가 좋다. 살

아 있는 슈퍼 밀웜은 크기가 커서 드워프 햄스터나 어린 햄스터를 공격하기도 하므로 머리를 제거하고 줘야 한다.

고영양식 밀웜 직접 기르기

밀웜은 딱정벌레 가운데 갈색쌀거저리의 유충이다. 유충은 10~20번의 탈피를 거쳐 번데기가 되고, 번데기에서 성충이 되기까지는 평균 일주일이 걸린다. 한 쌍의 갈색쌀거저리가 부화시키는 알은 약 100~300개이며, 밀웜이라고 불리는 상태의 유충기는 보통 10주가량 지속되는데 주변 온도에 따라 유동적이다.

밀웜 사육장 만들기

① 사육장 준비

밀웜은 벽을 타고 올라갈 수는 없지만 운동량이 많으므로 높이는 낮고 면적은 넓은 사육장을 준비하는 것이 좋다. 100여 마리를 기른다고 가정했을 때 가로, 세로, 높이는 20×30×15센티미터 정도면 충분하다. 밀웜이 뚫을 수 없는 플라스틱 재질을 선택한다.

② 먹이 준비

먹이는 밀을 갈고 남은 찌꺼기인 밀기울 혹은 엿기름을 사용한다. 미숫가루, 밀가루 등 가는 입자는 밀웜의 기문(숨구멍)을 막아 질식시킬 수 있으므로 좋지 않다. 사육장 바닥에 2센티미터 정도의 높이로 밀기울을 깐 다음 밀웜을 넣는다. 3일에 한 번씩 당근, 호박, 배추, 사과 등을 이용해 수분을 공급한다. 야채는 10분 안에 다 먹을 수 있을 정도만 주고 남은 것은 치운다.

③ 사육 환경 꾸미기

밀웜이 가장 좋아하는 온도는 섭씨 25~30도로 실온에 두면 잘 큰다. 온도가 내려가면 성장이 느려지므로 유충의 성장 속도를 늦추고 싶다면 서늘한 곳에 둔다. 밀웜 사육장에 습기가 찰 경우 곰팡이와 응애가 발생해 모두 죽을 수 있으므로 바람이 잘 통하는 곳에 둔다.

★ 귀뚜라미

귀뚜라미는 다른 살아 있는 먹이에 비해 단백질, 지방 등의 영양 균형이 좋아 많은 동물에게 먹이로 제공된다. 하지만 시끄럽게 울고 탈출하며, 어린 햄스터는 직접 잡기 힘들어하는 단점이 있다. 귀뚜라미는 굴을 파는 습성이 있어 플라스틱 재질에 보관한다. 건조된 귀뚜라미도 판다.

★ 건새우

징그러워서 밀웜, 귀뚜라미를 주기 어려우면 건새우를 준다. 밀웜, 귀뚜라미보다는 기호성이 떨어지지만 관리가 편하고 지방량도 낮아서 부담 없이 줄 수 있다.

익스트루전

익스트루전은 고형 사료로 흔히 '익스'라고 한다. 익스트루전은 다양한 영양분을 포함하고 있어서 균형 잡힌 영양 섭취가 가능하다. 또한 자라는 앞니를 갈 수 있어 이빨갈이용으로도 좋다. 골라 먹을 수 없으니 햄스터의 편식을 막고 권장 영양량을 맞추기가 좋다. 대용량으로 구하는 것이 경제적이지만 변질될 우려가 크므로 개봉 후 밀폐 용기에 넣어 보관하고, 여름에는 냉장고에 보관한다. 유통 기간은 3개월이다.

아래의 표는 시중에서 구하기 쉬운 익스트루전 두 종류를 비교한 것이다. 혼합 사료가 제품에 따라 성분 차이가 큰 것에 비해서 익스트루전은 제품에 따른 성분 차이가 거의 없다.

	A사	B사
조단백	20.0퍼센트 이상	22.0퍼센트 이상
조지방	4.5퍼센트 이상	3.0퍼센트 이상
조섬유	6.0퍼센트 이하	8.0퍼센트 이하
칼슘	0.5퍼센트 이상	0.6퍼센트 이상
인	0.1퍼센트 이하	1.0퍼센트 이하

무엇을 얼마나 먹여야 할까?

야생에서 햄스터는 몸의 요구에 맞춰 여러 영양소를 골고루 섭취하지만 가정에서 기르는 햄스터는 사람이 주는 음식만 먹는다. 그러므로 건강하게 기르기 위해서는 먹을거리에 대한 공부가 필요하다. 가장 좋은 방법은 야생에서 햄스터가 어떤 음식을 얼마나 먹고 살았는지 알아보는 것이다.

햄스터의 자연 서식지는 대부분 사막 지대로 건조하고 식물이 풍족하지 않은 곳이다. 따라서 주로 건초나 씨앗을 먹고, 곤충 등 작은 벌레를 통해서는 단백질을, 사막식물을 통해서는 수분을 얻었다. 먹이를 구하기 힘든 환경이라 먼 거리를 이동해서 발견한 먹이는 그 자리에서 다 먹지 않고 저장했다. 전문가들은 이런 야생 햄스터의 본능과 영양 요구량이 현대에도 그대로 남아 있을 것이라고 예상한다.

하지만 햄스터가 반려동물로 사람과 함께 산 지 오래되지 않았고, 사막에서 얼마만큼의 먹이를 먹었는지에 대한 연구도 많이 이뤄지지 않아서 정확한 영양 요구량을 알 수 없다는 것이 안타깝다. 일반적으로는 단백질 12~16퍼센트, 지방 3~6퍼센트를 주고, 이유기의 어린 햄스터, 임신기나 새끼를 키우는 암컷은 에너지 요구량이 평상시보다 높기 때문에 단백질 16~20퍼센트, 지방 7퍼센트 내외를 공급한다. 이 시기에는 비타민 B군과 섬유질도 필요하다.

햄스터 사료의 영양 성분표에는 어떤 영양소가 들어 있는지만 표시되어 있을 뿐 햄스터에게 무엇이 얼마나 필요한지는 표시되어 있지 않다. 그러므로 78쪽에 제시한 권장 영양량에 맞춰 반려인이 스스로 비교해서 먹여야 한다. 다행히 시중에서 판매하는 햄스터 사료는 대부분 영양량을 맞춰 나오므로 권장 영양량에 맞는 시판 햄스터 사료를 먹이는 것이 가장 안전하다. 햄스터의 권장 영양량을 맞추지 못했거나 지방이 너무 많은 사료는 피해야 한다.

나쁜 사료만큼 햄스터의 건강을 해치는 것은 반려인이 햄스터의 영양에 대해 공부도 하지 않고 이것저것 아무거나 섞어 먹이는 것이다. 종종 개 간식, 사람을 위한 안주용 견과류, 새 모이 등을 섞어 먹이는 경우가 있는데, 그것으로는 햄스터의 권장 영양량을 충족시키지 못한다. 또한 햄스터에게 안전한지 알 수 없는 성분이 들어 있을 수 있으므로 매우 위험하다.

이상적인 건강 식단 짜기

사료 성분표 제대로 읽기

햄스터가 반려동물로 길러진 지가 얼마 되지 않아서인지 동물 사료의 영양분 기준을 세우는 미국사료관리협회AAFCO에서도 햄스터의 사료 기준은 아직 마련되어 있지 않다. 하지만 모든 사료에는 국제표준인 성분표가 표시되어 있으므로 좋은 사료를 선택하려면 사료 성분표를 제대로 볼 줄 알아야 한다. 아쉽게도 국내에서 생산되는 햄스터 사료 중에는 성분표가 아예 없거나 국제표준을 지키지 않은 경우도 있으므로 성분표가 없는 것은 선택하지 않는 것이 좋다.

모든 사료 제조업체는 오른쪽처럼 사료 포장지 겉면에 조단백, 조지방의 최소

사료 성분표 Guaranteed Analysis

조단백 최소Crude protein minimum 00퍼센트
조지방 최소Crude fat minimum 00퍼센트
조섬유 최대Crude fiber maximum 00퍼센트
수분 최대Moisture maximum 00퍼센트

퍼센트, 조섬유와 수분의 최대 퍼센트를 적도록 되어 있다. 여기서 유의할 점은 0~60퍼센트까지 다양하게 포함된 수분량이다. 수분량에 따라 실제 건조 중량이 달라지므로 각기 다른 사료를 객관적으로 비교하기 위해서는 수분량을 고려해서 실제 건조 중량을 계산해야 한다. 하지만 수분량에 따라 매번 실제 건조 중량을 계산하고 고르기가 어렵다. 그러므로 10퍼센트 정도의 수분이 있다고 가정할 때 단백질 10~13퍼센트, 지방 2~5퍼센트 정도인 것으로 선택하면 무난하다.

아래 사진 속의 사료는 일반적인 상태의 햄스터 권장 영양량인 단백질 12~16퍼센트는 충족하지만, 지방은 기준보다 높다. 지방이 권장 영양량에 충족되는 다른 사료를 선택하든지, 이 사료를 선택한다면 밀웜류, 해바라기씨처럼 지방량이 높은 간식을 주지 말아야 한다. 또한 성장기나 임신 상태의 햄스터라면 현 사료로는 필요 단백질량을 채울 수 없으므로 단백질 함량이 더 높은 사료를 선택해야 한다.

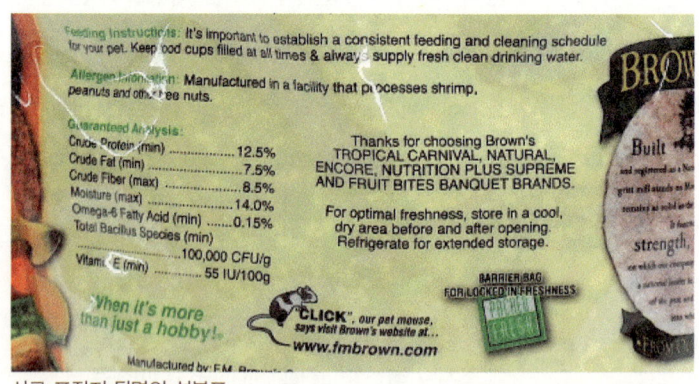

사료 포장지 뒷면의 성분표.

🐹 급여량 정하기

하루 급여량을 정하는 것은 햄스터의 건강을 위해 중요하다. 급여량은 필요 칼로리를 일일이 체크해서 계산할 수도 있으나 그 방법은 복잡하니 쉽게 적용할 수 있는 방법에 대해 알아보자.

가장 간단한 방법은 햄스터 몸무게 100그램당 12그램의 사료를 주는 것이다. 이를 기준으로 하면 몸무게가 130그램이라면, 12×1.3을 하면 되므로 15.6그램을 주면 된다.

그러므로 구입한 사료, 동물성 단백질 등 주식으로 하

> **1일 급여량**
>
> 햄스터 몸무게 100그램당 사료 12그램을 급여한다.
> ① 몸무게가 130그램인 골든 햄스터
>   12 X 1.3 = 15.6그램
> ② 몸무게가 60그램인 드워프 햄스터
>   12 X 0.6 = 7.2그램

고자 하는 먹을거리의 영양 성분표를 확인하여 최대한 목표치에 근접한 사료를 정한 후 몸무게에 맞춰서 적정량을 계산해서 준다.

또 다른 방법으로는 주식을 정한 후 적정량을 계산해서 주는 방법이다. 계산이 복잡하지만 앞의 방법보다는 양을 조금 더 정확하게 맞춰 줄 수 있다. 주식을 정한 후 다음과 같이 따라하면 된다.

★ 혼합 사료와 익스트루전을 섞어 준다

혼합 사료와 익스트루전을 섞어 주는 것이 가장 추천하는 식단이다. 혼합 사료는 햄스터에게 골라먹는 재미를 느끼게 하고, 익스트루전은 균형 잡힌 영양을 공급한다. 익스트루전을 1~2알 주고 나머지를 혼합 사료로 채우면 된다.

혼합 사료와 익스트루전이 주식인 식단의 좋은 예

	조단백	조지방	조섬유	급여 비율	130그램 골든 햄스터의 급여량	60그램 드워프 햄스터의 급여량
익스트루전	20.0 퍼센트	4.5 퍼센트	6.0 퍼센트	66.0 퍼센트	10그램 (2알)	5그램 (1알)
혼합 사료	11.0 퍼센트	2.4 퍼센트	10.5 퍼센트	34.0 퍼센트	5.1그램 (2티스푼)	2.5그램 (1티스푼)
밀웜	58.0 퍼센트	28.0 퍼센트	7.0 퍼센트	0.5 퍼센트	0.08그램 (2마리)	0.04그램 (1마리)
합계	17.2 퍼센트	3.9 퍼센트	7.5 퍼센트		15.2그램	7.5그램
					간식 : 1그램 미만의 신선한 야채	

위의 식단은 익스트루전의 비중을 가장 높게 하고 혼합 사료, 동물성 단백질인 밀웜을 함께 주고 싶을 때 준비할 수 있는 식단이다. 익스트루전은 밀웜에 비해 지방이 적고, 혼합 사료에 비해 단백질이 많기 때문에 혼합 사료와 밀웜만 공급했을 때 자칫 낮아지기 쉬운 단백질을 보충하고, 지방도 적정 수준으로 맞출 수 있는 완충제 역할을 한다.

익스트루전 2알, 혼합 사료 2티스푼, 밀웜 2마리를 주었는데 혼합 사료 중 펠릿만 남겼다.

그런데 열심히 필요 성분을 계산하여 식단을 짜도 햄스터들은 편식을 한다. 90쪽 아래 사진처럼 혼합 사료와 익스트루전, 밀웜을 섞어 주었는데 펠릿만 남기기도 한다. 따라서 편식을 방지하기 위해서는 익스트루전을 주식으로 하고 혼합 사료를 섞어 주는 것이 좋다. 간혹 익스트루전을 먹지 않는 경우가 있는데, 그때는 햄스터가 덜 남기는 혼합 사료를 찾아야 한다.

★ 익스트루전을 주식으로 한다

익스트루전을 주식으로 할 경우 권장 영양량은 대부분 충족되므로 영양 불균형을 걱정할 필요는 없다. 하지만 잡식성으로 곡물, 곤충 등을 먹는 햄스터에게 익스트루전만 준다면 행복감이 떨어지므로 추천하지 않는다. 익스트루전만 주기로 결정했다면 햄스터용 간식(96~99쪽 참조)을 매일 함께 준다.

익스트루전이 주식인 식단의 좋은 예

	조단백	조지방	조섬유	급여 비율	130그램 골든 햄스터의 급여량	60그램 드워프 햄스터의 급여량
익스트루전	20.0 퍼센트	4.5 퍼센트	6.0 퍼센트	99.5 퍼센트	15그램 (4알)	7그램 (1.5알)
밀웜	58.0 퍼센트	28.0 퍼센트	7.0 퍼센트	0.5 퍼센트	0.04그램 (1마리)	0.02그램 (0.5마리)
합계	20.19 퍼센트	4.61 퍼센트	9.4 퍼센트		15.04그램	7.02그램
					간식 : 1그램 미만의 신선한 야채	

익스트루전을 주식으로 하는 경우 앞의 식단처럼 밀웜과 간식을 섞어서 주면 좋다. 익스트루전만으로도 단백질, 지방 성분이 높은 편이고, 밀웜도 단백질과 지방 성분이 높기 때문에 익스트루전의 양을 최대로 하고 밀웜을 최소화하여 지방 비율을 낮춰 주는 것이 이 식단의 포인트이다.

★ 혼합 사료만 준다

혼합 사료를 주식으로 할 경우 시중의 혼합 사료는 대부분 지방 함량이 높으므로 비만해질 가능성이 있다. 때문에 혼합 사료를 주식으로 할 경우 권장 영양량을 충족하고 있는지 성분표를 잘 살펴봐야 한다. 혼합 사료만 줄 경우 단백질은 13퍼센트 이상, 지방은 최소 4~7퍼센트인 사료를 택한다. 익스트루전 없이 혼합 사료만 줄 경우 이빨갈이에 문제가 생길 수 있으므로 이빨갈이용 장난감을 줘야 한다.

혼합 사료와 함께 밀웜, 익스트루전, 간식 등을 줄 경우 조단백, 조지방의 비율이 낮은 사료를 선택해야 한다.

혼합 사료가 주식인 식단의 좋은 예

	조단백	조지방	조섬유	비율	130그램 골든 햄스터의 급여량	60그램 드워프 햄스터의 급여량
혼합 사료	14.4 퍼센트	6.6 퍼센트	6.7 퍼센트	100 퍼센트	15그램	7그램
					간식 : 1그램 미만의 신선한 야채	

★ 직접 만들기

최근 개, 고양이 반려인 사이에서는 주식으로 상업화된 사료를 먹이지 않고 자연식으로 직접 만들어 먹이는 것이 붐이고 햄스터 반려인 사이에도 이런 분위기가 있다. 상품화된 사료를 먹이지 않고 야채, 고기, 곡물 등 필요한 영양소에 맞춰 급여하는 방법은 전문가마다 다르므로 누구의 의견이 정답이라고 할 수 없다. 하지만 직접 만들어서 먹이고 싶다면 어떤 채소, 과일을 먹일지, 채소, 과일, 곡류, 밀웜 등을 어떤 비율로 섞을지에 대해 공부를 많이 해야 한다. 아쉽게도 아직 햄스터의 영양에 대해서는 개, 고양이처럼 반려동물로 오래 산 동물에 비해 전문 자료가 많지 않으므로 인터넷에 떠도는 출처가 불명확한 자료만 믿고 식단을 짜는 것은 위험하다.

특히 개, 고양이 사료와 달리 시판되는 햄스터 사료에는 채소, 과일 등이 원형 그대로 건조되어서 혼합되어 있기 때문에 위험을 무릅쓰고 직접 만들어 먹일 필요는 없다. 또한 어떤 방식으로 길렀는지 알 수 없는 곤충과 야채를 생으로 먹인다면 기생충에 노출될 가능성이 커진다. 따라서 생식을 한다면 수의사의 도움을 받아 매달 구충을 해야 한다.

또한 곡물, 씨앗 등을 섞어서 주는 것도 자칫 위험할 수 있다. 곡물마다 들어 있는 영양 성분이 달라서 권장 영양량을 정확하게 맞추기가 어렵다. 또한 햄스터에게 해가 되지 않는 곡물인지도 따져 봐야 한다. 간혹 햄스터용이 아닌 다른 동물의 간식을 섞어 주는 경우도 있는데 햄스터가 먹어서는 안 되는 성분이 함유되어 있을 수 있으므로 위험하다.

진료 중 햄스터에 대한 애정이 누구보다 깊은 보호자를 만난 적이 있다. 항상 유기농 알곡과 신선한 야채를 직접 계산한 영양 성분에 맞춰 섞어 급여했는데 햄스터 4마리 중 2마리가 어린 나이에 치근염과 상부 호흡기 문제로 떠나고 말았다. 사인을 정확히 밝히지는 못했지만 조심스럽

게 식단이 의심되었다. 개, 고양이에 비해 햄스터는 반려동물이 된 지 얼마 되지 않아서 정확한 영양 요구량을 알지 못한다. 게다가 햄스터는 편식을 하기 때문에 익스트루전을 기본으로 하지 않으면 위험한 식단이 될 수 있다. 많은 전문가들이 햄스터에게 직접 만들어 먹이는 것을 권장하지 않는 이유이다.

★특수한 경우

이유기의 어린 햄스터, 임신, 육아기의 햄스터에게는 고열량 사료가 필요하다. 단백질 18~22퍼센트, 지방 7퍼센트의 식단에 맞춰 준다.

햄스터가 비만인 경우에는 단백질 15~18퍼센트, 지방 3~6퍼센트에 맞춰 준다. 지방 함량이 낮은 사료를 찾아서 먹이고, 드롭스, 밀웜 등 지방 함량이 높은 간식을 주지 않는다.

언제, 어떻게 먹일까?

주식이 될 먹을거리를 잘 준비했다면 언제 어떻게 먹일지 알아야 한다. 햄스터는 야행성이므로 준비한 식단을 매일 저녁 무렵 밥그릇에 채워 준다. 대부분의 햄스터가 일어나 활동을 시작할 무렵인 저녁에 줘야 밤새 지치지 않고 지낼 수 있다.

밥을 줄 때 햄스터가 알아들을 수 있는 간단한 단어나 소리를 일관성 있게 내면 햄스터가 식사 시간과 사람의 움직임에 익숙해지는 데 도움이 된다. 예를 들어 1~2음절로 지은 이름을 반복해서 불러 주거나 손가락으로 가볍게 집 뚜껑을 톡톡 친다거나 두 가지를 동시에 한다. 처음에는 갑작스러운 소리에 놀라 달아날 수 있지만 지속적으로 반복하면 소리만 내도 은신처에서 쪼르르 달려 나와 밥을 기다릴 것이다.

간식 종류와 먹이는 방법

간식을 두 손 모아 예쁘게 받아먹는 햄스터의 모습에 정신을 빼앗겨 많은 양을 줄 때가 많다. 이런 까닭에 시중에는 알록달록 예쁜 색상과 향을 지닌 다양한 햄스터용 간식이 판매되고 있지만 햄스터는 일반 야채 조각도 잘 먹는다. 햄스터 간식에 대해서 알아보자.

간식의 종류

★ 말린 야채와 과일

시판되는 첨가물이 없는 말린 야채와 과일은 칼로리가 낮아 비만 걱정을 덜 수 있고 기호성도 좋은 간식거리이다. 단, 말린 과일은 당분이 높기 때문에 너무 많이 주면 역시 비만이 될 수 있으므로 주의한다. 야채를 직접 준비하기 힘들 때 이용하면 간편하다.

야채와 과일 직접 말리기

햄스터용 간식을 직접 만들어 보자. 야채나 과일을 직접 말리는 것으로, 건조기를 사용하지 않는 자연 건조는 해충이 꼬일 위험이 있으므로 피한다. 시중에서 쉽게 구할 수 있는 음식물 건조기에 간식으로 사용할 과일, 야채를 넣고 건조시킨다. 건조되면 크기가 줄어들므로 원하는 크기의 2~3배 크기로 썰어서 넣는다. 말린 야채나 과일 간식은 생으로 먹일 때보다 오래 두고 먹일 수 있다는 장점이 있다.

★건초바, 건초 비스킷

건초는 원료를 가공한 비스킷이나 건초를 뭉쳐 놓은 건초바, 건초를 말아 놓은 건초 비스킷 등 다양한 형태로 판매되고 있다. 건초 비스킷 하나가 일주일 정도의 양이므로 일주일이 지나면 새로운 비스킷으로 교체한다.

★ 미네랄스톤

미네랄스톤은 비타민과 미네랄이 풍부한 간식으로 딱딱한 블록 형태이다. 하지만 혼합 사료를 준다면 비타민과 미네랄 성분이 충분하기 때문에 따로 줄 필요는 없다.

미네랄스톤을 이빨갈이용으로 주는 경우도 있는데, 그 정도로 딱딱하지는 않기 때문에 이빨갈이용으로는 부족하다. 미네랄스톤은 임신 중인 햄스터가 가장 좋아하는데 임신기에 부족하기 쉬운 칼슘을 섭취하는 것으로 추측된다.

★ 드롭스

우유나 요구르트에 과일이나 야채를 더해서 만든 간식으로 대부분의 햄스터가 좋아한다. 지방 함량이 25~30퍼센트로 매우 높아 주의하지 않으면 비만이 되기 쉽다. 일주일에 두 알 정도가 적당하다.

★ 곡물 영양바

다양한 곡물을 뭉쳐 놓은 바 형태의 간식이다. 기호성이 좋은 데다가 첨가물이 적고 원료를 눈으로 확인할 수 있어 안전하다. 다만 지방 함량이 높고 단단히 뭉쳐 있어 쉽게 자를 수 없어 양 조절이 어렵다. 따라서 비만해

지기 쉽고 편식의 위험이 있다. 또한 혼합 사료와 함께 줄 경우 사료 내의 곡물과 겹치기 쉽다.

🐹 간식 먹이는 방법

간식은 2~3일에 한 번씩 주되 간식이 총 급여량의 10퍼센트를 넘기지 않도록 한다. 간식은 인공색소가 들어갔는지, 원재료가 확인 가능한지, 모양이 많이 변형되었는지를 확인해야 한다. 가능하면 화학 첨가물이 덜 들어가고, 조리, 가공이 최소한으로 된 자연식에 가까운 것을 고르는 것이 좋다.

또한 이미 식단에 적정 지방량이 들어가 있으므로 간식은 지방 함량이 낮은 것을 선택한다. 보통 시판되는 간식은 지방량이 20퍼센트 이상으로 매우 높으므로 이런 간식은 아주 조금만 줘야 한다. 햄스터마다 입맛이 다르므로 간식은 소량으로 구매해서 먼저 햄스터의 기호를 파악하는 것이 좋다.

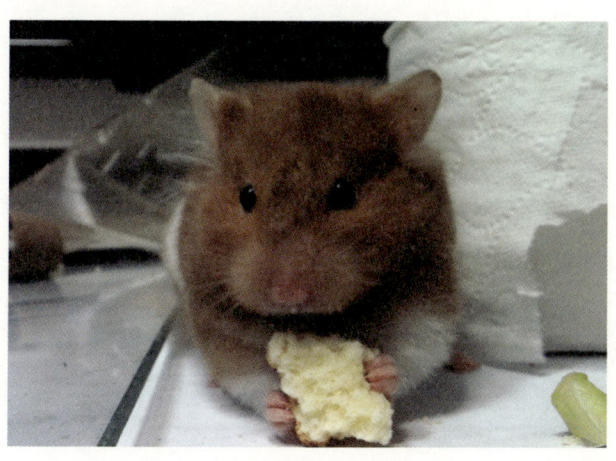

햄스터에게 주면 안 되는 음식

햄스터가 잡식성이라고 해서 모든 음식을 다 먹을 수 있는 것은 아니다. 설탕, 소금, 향신료, 색소 등 첨가물이 들어간 음식물은 햄스터에게 주면 안 되고 가공되지 않은 야채, 과일, 견과류 등의 천연 음식을 줘야 한다. 그렇다고 햄스터가 천연 음식을 다 먹을 수 있는 것도 아니다. 사람은 별문제 없지만 햄스터에게는 위험한 음식도 있으므로 위험한 음식 리스트를 잘 알고 있어야 한다.

초콜릿

초콜릿 성분 중 하나인 테오브로민은 사람 외의 어떤 동물도 체내에서 분해하지 못한다. 그래서 적은 양의 초콜릿에도 격렬한 중독 반응을 보이며 죽을 수 있다. 초콜릿 칩 쿠키, 초콜릿 케이크 등 초콜릿이 조금이라도 함유된 제품은 절대 먹여서는 안 된다. 동물의 초콜릿 중독에는 해독제가 없다.

중독 증상 과흥분, 간질성 발작, 심장 발작, 사망

🐹 양파

양파의 싸이오황산염 성분은 사람 외의 모든 동물에게 독성이 있다. 양파를 먹으면 적혈구가 파괴되는 질병인 용혈성 빈혈을 일으키고, 심할 경우 죽는다. 조리를 해도 싸이오황산염은 남아 있다. 양파가 첨가된 과자, 피자, 중국 음식도 마찬가지로 위험하다.

중독 증상 심한 설사, 활동성 저하, 식욕 절폐, 호흡곤란, 사망

🐹 파슬리

파슬리의 옥살산 성분은 칼슘, 나트륨, 철 등과 결합해서 옥살산염이라는 결정을 형성하는데, 이 결정은 창자나 신장에 침착되어 장기를 망가뜨린다.

중독 증상 침울, 비틀거림, 운동 실조, 구토, 배뇨과다

🐹 아보카도

아보카도는 과실은 물론 잎, 줄기 등 모든 것이 햄스터에게는 독이다. 페르신이라는 독소 때문인데 페르신은 곰팡이와 곤충의 침입을 방어하기 위해 식물이 만들어 내는 물질이다. 페르신은 햄스터를 비롯한 동물의 심장에 특히 위험하다. 최근 아보카도가 사람의 음식 재료로 대중화되고 있으므로 주의해야 한다.

중독 증상 구토, 설사, 호흡곤란

🐹 사람용으로 가공된 음식

견과류를 포함한 과자, 잼 등 사람용으로 가공된 음식은 햄스터에게는 독이나 마찬가지이다. 사람이 먹는 음식에는 설탕, 소금, 합성 조미료, 화학물질 등이 많이 들어 있기 때문이다. 이런 것들이 동물의 몸에 들어가면 신장, 간, 위, 창자에 문제를 일으킬 수 있다.

🐹 생강낭콩

강낭콩의 피토헤마글루티닌 성분은 생체 세포를 응집시켜 장 점막을 손상시키는데 특히 생강낭콩에 많다. 햄스터뿐 아니라 사람에게도 위험한 피토헤마글루티닌은 특히 생강낭콩에 많으므로 적어도 10분 이상 끓여서 먹여야 안전하다.

중독 증상 헛구역질, 구토, 설사

🐹 생감자

생감자에 있는 솔라닌 성분은 햄스터를 비롯한 모든 동물에게 독성이 있다. 감자가 햇볕에 노출되면 솔라닌이 더욱 늘어나 글리코알칼로이드라는 독성 물질을 만든다. 싹이 나거나 초록색으로 변한 부위에 솔라닌과 글리코알칼로이드가 특히 많은데 열을 가하면 분해되므로 감자는 꼭 익혀서 먹여야 한다. 싹이 났던 자리는 도려낸 후 익힌다.

중독 증상 마비, 쇼크, 저체온증, 호흡수 저하, 동공 확대, 복통, 구토, 설사

🐹 양배추

양배추는 사람에게는 좋은 음식이지만 햄스터에게는 위험할 수 있다.

양배추의 황, 염소 성분이 햄스터의 창자 안에 살고 있는 유용한 미생물을 과다하게 죽이거나 창자에 자극이 되어 설사를 일으킬 수 있기 때문이다. 만일 햄스터가 변비에 걸렸다면 극소량의 양배추를 먹여서 배변을 도울 수는 있지만 많은 양을 줘서는 안 된다. 양배추는 조리할수록 햄스터가 소화시키기 어려우므로 날것으로 급여한다.

중독 증상 설사, 오줌양이 많아짐, 위에 가스가 참

포도와 건포도

개에게 독성이 있다고 알려진 포도, 건포도는 아직 햄스터에게 독성이 있다는 보고는 없지만, 개체에 따라 독성을 나타낼 수 있다. 포도, 건포도를 먹은 개는 신장이 망가져서 신부전을 겪게 된다. 먹자마자 신부전이 나타날 수도 있고, 서서히 축적되어 만성 신부전이 나타날 수도 있다. 포도의 독성 성분과 안전성이 명확히 밝혀지기 전까지는 포도, 건포도는

어떤 동물에게도 먹이지 않는 것이 좋다.

중독 증상 명확하게 밝혀지지 않았으나 오줌양이 많아지거나 줄어듦, 피로감 등이 나타날 수 있음

🐹 우유

소장의 소화효소인 락타아제는 우유의 당 성분인 락토스를 분해하여 우유를 소화시킨다. 그런데 모든 동물은 이유기가 지나면 우유를 분해할 수 있는 락타아제가 사라진다. 락타아제가 없는 동물에게 우유를 주면 우유를 분해하지 못해서 설사를 하게 되는데, 설사는 햄스터 같은 작은 동물에게 탈수를 유발할 수 있으므로 우유는 주지 않는 것이 좋다.

중독 증상 설사, 탈수

🐹 각종 과일의 씨앗

과일의 씨앗은 독성 물질이 있어서 급여해서는 안 된다. 자연독인 청산배당체는 몸 안에서 대사되며 맹독인 시안화수소산으로 변한다. 사과, 살구, 복숭아, 청매실 등의 씨앗이 청산배당체를 가지고 있는 것으로 알려져 있다. 식용 과일이라 해도 씨앗은 사람에게도 위험하므로 햄스터에게 급여해서는 안 된다.

중독 증상 태아 기형, 체중 저하, 호흡장애, 운동장애, 저체온증

건강 상태 체크법, 신체충실지수

모든 동물의 건강 상태는 신체충실지수BCS, Body Condition Score로 알아볼 수 있다. 동물의 전체적인 영양 상태를 평가할 때 쓰는 방법으로 쇠약한지, 보통인지, 비만인지를 판단한다. BCS 측정법을 익혀 두면 임신, 종양, 특정 장기의 병적인 커짐 등을 비만과 구분할 수 있다.

BCS 측정을 위해서는 햄스터를 뒤에서 관찰해야 한다. 먼저 손가락으로 머리부터 엉덩이 골반까지 쓸어 내리듯 만지며 척추와 골반뼈가 만져지는지를 확인한다. 척추와 골반뼈가 만져지지만 배의 특정 부분이 볼록하다면 단순히 살이 찐 것이 아니라 내부 장기에 문제가 생겼을 가능성이 있으므로 자주 쓰다듬어 평소의 BCS를 기억해 둔다. 신체충실지수의 기준은 동물에 따라 다른데, 여기서는 마우스의 BCS 기준을 참고했다. 햄스터의 신체충실지수는 BCS 1부터 BCS 5까지로 나눈다.

BCS 1 극도로 쇠약한 상태. 대사성 질병, 감염 등 질병에 노출되어 있을 가능성이 매우 높으므로 수의사와 상담해야 한다. 사료량을 1.4배 늘려 준다. 골격이 눈에 보일 정도로 말랐고 뼈 위로 얇은 가죽만 만져지는 상태이다.

BCS 2 약간 쇠약한 상태. BCS 3에서 이 단계로 떨어졌다면 해바라기씨, 신선한 야채 등의 영양 공급에 신경을 쓰고, 그래도 좋아지지 않으면 건강 검진을 받아야 한다. 마른 상태로 척추 사이사이가 확연히 만져진다. 사료량을 1.2배 정도 늘린다.

BCS 3 적당한 상태. 이대로 유지하는 것이 좋다. 가장 건강한 상태로 눈으로 봤을 때 골격이 도드라져 보이지 않는다.

 **BCS 4** 약간 살이 찐 상태. 운동을 할 수 있도록 유도하거나 지방 성분이 많은 씨앗 등을 줄인다. 대부분의 햄스터가 이 단계에 속한다. 척추를 만질 때 원통 같은 느낌으로 각각의 뼈가 잘 느껴지지 않는다.

 **BCS 5** 비만한 상태. 저지방, 저단백 식이를 시작한다. 보통 주던 사료량의 80퍼센트만 주면서 체중 변화를 지켜본다. 피하지방에 묻혀 척추, 골반뼈가 만져지지 않는다. 사료량을 0.8배로 줄인다.

BCS 기준은 Chanwaire J. Folte and Mollie Ulman-Culture. "Guidelines for Assessing the Health and Condition of Mice." *Lab Animal*. April 1999. Vol 28, No 4, pp. 28~32를 참고했다.

4장 햄스터의 살림살이

햄스터 집, 케이지

햄스터를 기르는 데 갖춰야 할 가장 기본적인 물품은 햄스터 집이다. 흔히 케이지라고 부르는 햄스터 집은 여러 종류가 있는데 사람마다 추천하는 것이 달라서 선택할 때 고민이 된다. 집은 햄스터가 계속 지낼 중요한 공간이므로 어떤 종류가 있는지 알아보고, 종류별 장단점 등을 꼼꼼하게 따져 봐야 한다.

집을 선택하기에 앞서 기억해야 할 점은 집 하나에 햄스터 한 마리씩 있어야 하므로 햄스터의 수와 같은 수의 집을 구입해야 한다는 것과 집의 크기가 넉넉해야 한다는 것이다. 햄스터가 작으니까 집도 작아도 될 거라는 마음에 이동장 정도 크기의 집을 구하는 경우가 많다. 하지만 집은 햄스터가 먹이창고, 쉼터, 놀이터, 화장실 등으

> **햄스터 집 크기**
>
> 골든 햄스터 80×40센티미터,
> 드워프 햄스터 60×40센티미터,
> 높이는 적어도 40센티미터 이상.
> 골든 햄스터는 높을수록 더 좋다.

로 공간을 충분히 나누어서 사용할 수 있어야 하므로 넓어야 한다.

🐹 햄스터 집의 종류

★ 리빙 박스

국내 반려인들이 가장 많이 사용하는 햄스터 집은 리빙 박스를 개조한 개조 리빙 박스이다. 리빙 박스는 이름대로 햄스터 집으로 제작된 것이 아니라 사람의 옷 등을 정리하는 정리함이다.

그런데 정리함용 리빙 박스는 불투명하여 햄스터를 관찰하기가 어렵고, 뚜껑을 덮어 둘 시에 공기가 통하지 않아 질식할 위험이 있으며, 열어두면 탈출할 수 있으므로 그대로 사용할 수 없다. 그래서 개조를 해서

개조한 리빙 박스.

쓰는데 앞쪽을 투명한 아크릴 판으로 덧대 관찰하기 쉽게 하고, 뚜껑에 철망을 달아 환기가 될 수 있게 하는 경우가 많다. 햄스터 집의 크기는 골든 햄스터는 60리터 이상, 드워프 햄스터는 40리터 이상이어야 한다. 이렇게 개조한 리빙 박스를 시중에 판매하는 햄스터 집과 터널로 연결해서 사용할 수도 있다.

인터넷 쇼핑몰에서 리빙 박스를 개조해 햄스터 집용으로 판매하고 있으니 쉽게 구입할 수 있다.

리빙 박스 직접 개조하기

준비물 : 리빙 박스, 네임펜, 자, 글루건, 아크릴 칼, 사포, 문구용 칼, 송곳, 쇠젓가락, 케이블 타이, 석쇠구이용 철망, 투명 아크릴 판

* 어린이는 반드시 부모님과 함께한다.

1. 아크릴 창 개조

① 리빙 박스와 투명 아크릴 판을 준비한다. 바퀴가 달린 리빙 박스의 경우 햄스터가 바닥의 요철을 뚫고 탈출할 수 있으므로 바퀴가 없는 것으로 준비한다. 아크릴 판은 직접 절단하기 어려우므로 리빙 박스 전면보다 조금 작은 크기로 구입한다.

② 리빙 박스 전면에 아크릴 판보다 3센티미터 안쪽에 네임펜으로 선을 긋는다.

③ 선을 따라 자를 대고 아크릴 칼로 여러 번 긋는다. 이때 남겨지는 테두리 쪽에 자를 대고 그어야 절단면이 깨끗해서 햄스터가 다치지 않는다. 마지막으로 문구용

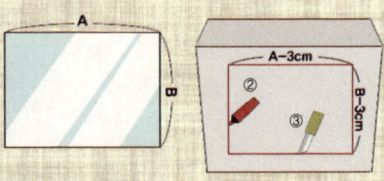

칼을 불에 달궈 그어서 잘라낸다.
④ 잘린 부분을 사포로 다듬는다.

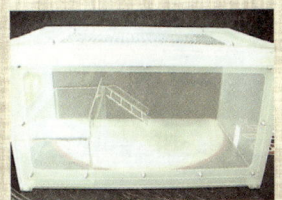

⑤ 준비한 투명 아크릴 판을 리빙 박스에 글루건으로 부착하거나 구멍을 뚫어 나사로 고정한다. 판이 떨어지면 안 되므로 단단하게 고정시킨다. 드워프 햄스터는 상관없지만 골든 햄스터는 힘이 세서 아크릴 판을 뜯는 경우가 있으므로 바깥쪽에 다는 것이 좋다.

2. 뚜껑 철망 개조

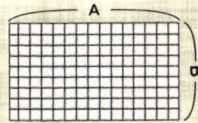 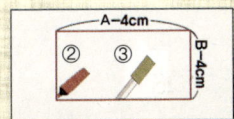

① 리빙 박스 뚜껑보다 작은 사이즈의 석쇠구이용 철망을 구한다.
② 리빙 박스 뚜껑에 철망 사이즈보다 4센티미터 안쪽에 네임펜으로 선을 긋는다.

③ 자를 대고 아크릴 칼을 이용하여 선을 따라 긋는다. 그런 다음 문구용 칼을 불에 달궈 잘라낸다. 잘린 부분을 사포로 다듬는다.
④ 글루건으로 철망을 고정시킨다.

3. 급수기 달기

① 급수기를 설치할 자리를 네임펜으로 표시한다. 햄스터가 몸을 세워 대롱을 잡을 수 있을 정도의 높이가 좋다.

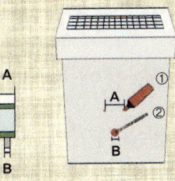

② 쇠젓가락을 불에 달궈 표시한 곳을 녹인다.
③ 급수기의 대롱이 들어갈 정도로 구멍이 커질 때까지 반복한다.
④ 구멍에 급수대를 위치시키고 전선을 정리할 때 사용하는 케이블 타이로 고정대에 급수기를 묶는다.

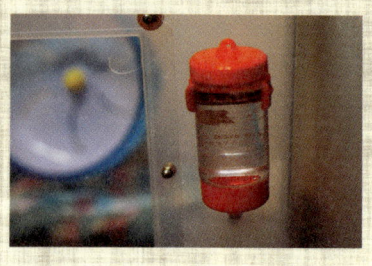 

★ 철장형 케이지

리빙 박스에 이어 햄스터 반려인이 두 번째로 많이 사용하는 햄스터 집은 철장형 케이지이다. 애완 용품점과 인터넷 펫숍에서 쉽게 구할 수 있다. 가볍고 청소가 쉬우며 환기가 잘 되는 것이 장점이다. 사다리, 밥그릇, 터널, 내부 은신처, 외장 하우스, 쳇바퀴, 급수기 등 물품까지 저렴한 세트로 구성된 경우가 많으므로 초기 비용을 줄일 수 있는 것이 가장 큰 장점이다. 햄스터를 처음 입양할 때 판매자의 권유로 선택하는 경우가 많다.

베딩을 많이 깔아 주거나 햄스터가 격렬하게 베딩을 파고들며 놀 때는 베딩이 밖으로 튀기도 한다. 철장을 갉아 소음을 유발하기도 하고, 갉다가 콧잔등에 탈모가 생기기도 한다. 철장을 타고 기어오르다가 떨어지거나 철장 사이에 발이 끼어 뼈가 부러질 위험도 있다.

케이지를 구입할 때 세트로 함께 구입한 사다리, 밥그릇, 터널, 외장

하우스, 은신처 등은 그대로 사용해도 괜찮은데 쳇바퀴, 급수기는 저가형이 많아서 소음이 심하고 물이 새는 경우도 있으므로 오래 사용하고자 한다면 처음부터 따로 구입해서 교체하는 것이 좋다.

철장형 케이지를 선택할 때는 공간이 햄스터가 커서도 활동하기에 충분한지, 세트로 구성된 물품이 햄스터가 커서도 사용할 수 있을지를 확인한다.

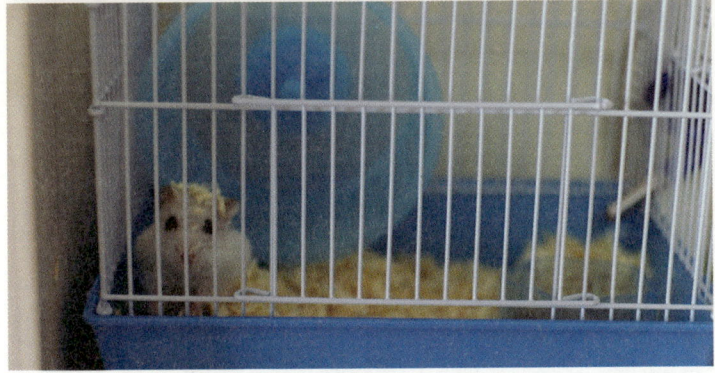

▲ 철장형 중 관찰성을 높인 철장-아크릴 혼합형.
▲ 햄스터에 비해 너무 작은 철장형 케이지.

최근에는 기본은 철장형 케이지인데 바닥과 천장을 투명한 아크릴 판으로 만들어서 위아래에서 관찰이 쉽도록 만든 철장-아크릴 혼합형 케이지도 많이 판매하고 있다. 혼합형 케이지는 일반 철장형 케이지보다 가격이 조금 비싸지만 세트로 구성되어 있는 물품이 그나마 쓸 만하다. 하지만 역시 오래 사용하고자 한다면 쳇바퀴와 급수기는 교체하는 것이 좋다.

★아크릴 확장형 케이지

아크릴 확장형 케이지는 제품화되어 나오는 햄스터 집으로, 색상이나 모양 등이 다양하다. 터널을 끼워서 확장하기가 쉽고 작은 채집통이나

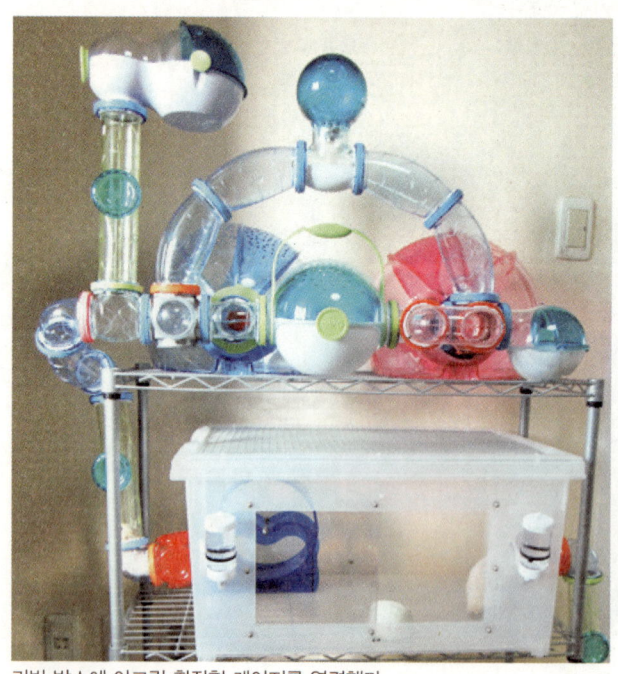

리빙 박스에 아크릴 확장형 케이지를 연결했다.

리빙 박스와 직접 연결시켜 자연 상태에서의 햄스터 굴처럼 집을 꾸며 줄 수도 있어서 좋다. 공간이 충분하므로 햄스터의 탈출 의지가 감소되고 혹 탈출했다가도 다시 돌아오는 경우가 많다. 단, 아크릴 확장형 케이지에 리빙 박스를 연결한 것은 가격이 비싼 것이 단점이다. 돈을 아끼려고 직접 개조하는 경우도 있지만 그러려면 도구도 잘 갖춰져 있어야 하고, 손재주도 있어야 한다.

아크릴 케이지는 투명해서 관찰이 쉽다는 것이 장점이다. 철장을 일부 덧대거나 구멍이 뚫려 있는 등 환기가 잘 되게 만든 제품도 있다. 전체적으로 곡선으로 가공되는 등 마감이 좋고, 배색과 디자인 등이 좋아서 가격이 비싼 편이다. 철장형 케이지처럼 내부 물품이 세트로 구비되어 있는데 아크릴 확장형 케이지는 비싼 만큼 물품의 품질이 좋아서 그대로 사용해도 된다.

아쉬운 점은 골든 햄스터의 경우 아크릴 케이지 두 개를 연결해도 공간이 턱 없이 부족하기 때문에 리빙 박스와 겸해 확장하든지 다른 케이지를 연결하든지 확장이 필수라는 점이다. 아크릴 확장형 케이지와 수조형 케이지를 확장해서 사용한다면 청소가 힘들긴 하지만 햄스터가 가장 행복한 집이 될 수 있다.

★ 수조형 케이지

수조형 케이지는 재질에 따라 두 가지로 나눌 수 있다. 첫 번째 유리 수조는 청소가 쉽고 탈출이 힘든 장점이 있다. 또한 투명하기 때문에 햄스터를 관찰하기가 쉬워 펫숍 등에서 많이 사용한다.

하지만 유리라 무겁고, 환기가 어려우며, 쉽게 뜨거워지고, 사방으로

볼 수 있어서 햄스터가 편안함을 느끼기가 힘들다. 이런 유리 수조의 단점을 보완하기 위해 한쪽 면을 불투명하게 처리해서 편안하게 쉴 수 있도록 하고, 뚜껑을 철망으로 해서 환기가 잘 되도록 개조하기도 한다.

두 번째는 투명 아크릴 수조로, 유리보다 가벼워 이동이 쉽고 저렴하며, 개조된 제품을 구하기가 쉽다. 또한 아크릴 수조는 청소도 쉬운 편이다. 하지만 스크래치에 약하고 내구성이 약하다. 또한 유리 수조보다 높이가 낮아서 물건을 딛고 탈출할 위험이 있으며, 사방이 투명해서 햄스터가 편안함을 느끼기가 힘들다.

햄스터 집 비교

	장점	단점
리빙 박스	청소가 쉽다. 구하기 쉽다. 가볍다. 탈출이 힘들다. 확장이 용이하다.	개조에 시간 혹은 돈이 든다. 물품을 따로 구입해야 한다.
철장형 케이지	구하기 쉽다. 물품이 내장되어 있다. 환기가 잘 된다. 청소가 쉽다. 가볍다.	내장된 물품 중 교체해야 하는 것이 있다. 톱밥이 밖으로 튄다. 철장 갉는 소음 및 콧잔등 탈모나 골절 등의 위험이 있다. 골든 햄스터용 케이지를 구하기가 어렵다.
아크릴 확장형 케이지	가볍고 구하기 쉽다. 무한 확장이 가능하다. 자연 상태의 햄스터 굴과 가장 유사하여 햄스터 생활 관찰이 용이하다. 확장해 사용할 경우 햄스터의 만족도가 가장 높다.	가격이 비싸다. 청소가 불편하다.
수조형 케이지	청소가 쉽다. 구하기 쉽다. 투명해서 관찰이 쉽다. 탈출이 힘들다.	무겁다(유리인 경우). 물품을 모두 따로 구입해야 한다. 환기가 잘 안 된다. 사방이 투명해서 햄스터가 불안해한다. 외부 충격에 약하다.

햄스터 집의 위치

햄스터 집의 위치를 정하는 것은 햄스터에게 생물학적으로 적합한 생활 환경을 마련해 주는 일이나 다름없기 때문에 매우 중요하다. 햄스터가 살아갈 수 없는 환경에 햄스터 집을 두면 아무리 좋은 집이어도 소용이 없다.

집의 위치를 선정할 때 가장 중요하게 고려해야 하는 점은 햄스터가 야행성이라는 것이다. 햄스터는 대부분 낮에 자고, 저녁 7시쯤에 활동을 시작해 밤 10시부터 새벽까지 가장 활발하게 움직인다. 따라서 TV, 스피커 등 소음원에서 떨어진 곳에 두어 낮에 잠을 설치지 않도록 배려해야 한다. 침실에 두는 것도 좋지 않다. 밤새도록 활발하게 노는 햄스터 때문에 사람이 잠을 설칠 수 있기 때문이다.

햄스터 집은 꼭 실내에 둬야 한다. 물론 야생의 햄스터는 밖에서 살지만 야생에서도 집은 외부 환경에 거의 영향을 받지 않는 지하에 있다. 따라서 햄스터를 실내가 아닌 난방이 되지 않는 지하실, 베란다 등에서 기를 경우 직사광선, 낮은 온도, 바람, 눈, 비, 다른 동물 등 외부 환경에 바로 노출되어 제대로 살기가 어렵다. 실내에서도 히터, 에어컨 등 열, 바람 등을 직접적으로 받는 곳에는 두지 않는 것이 좋다. 가능한 한 외부 환경에 큰 영향을 받지 않는 실내에 둬야 햄스터가 정신적·신체적으로 건강하게 살아갈 수 있다.

이런 것을 염두에 두고 햄스터와 반려인 모두 서로의 활동과 건강에 방해가 되지 않는 장소를 찾는다면 공부방, 서재 등이 있다. 낮에는 사람들이 출근하거나 등교를 하므로 조용하고, 밤에는 각자 침실로 돌아가 숙면을 취할 수 있기 때문이다. 이런 곳은 방문을 닫아 놓으면 햄스터가 혼자 조용히 지낼 수 있고, 탈출하더라도 안전하고 쉽게 케이지로 돌아올 수 있다.

또한 개, 고양이 등 다른 반려동물이나 아기의 손이 닿지 않는 곳이어야 한다. 가족의 생활 방식, 다른 반려동물의 유무에 따라 적합한 장소는 다 다르므로 우리 집에서 가장 알맞은 곳으로 결정한다.

🐹 햄스터 집 청소

햄스터 집은 깨끗하게 유지해야 한다. 그래서 정기적으로 집을 청소해 줘야 하는데 대청소는 일주일에 한 번, 부분 청소는 3일에 한 번씩 하는 것이 좋다.

그런데 집을 깨끗이 청소한 날이면 햄스터가 왔다갔다하면서 안절부절 못하는 모습을 볼 수도 있다. 익숙한 냄새가 사라지고 다른 냄새가 나서 불안해하는 것이다. 따라서 청소를 할 때는 전체 대청소를 하지 말고 구역별로 나눠서 자주 해 주는 것이 좋다. 하루는 베딩의 반만 갈고 쳇바퀴를 헹궈 주며, 다음 날에 나머지 반을 갈고 은신처를 헹궈 주는 식이다. 집 자체를 닦아야 하는 날이라면 사용하던 베딩 중 깨끗한 부분을 모아 다시 깔아 준다거나 은신처 베딩을 반만 갈아 주는 등 배려가 필요하다.

햄스터 집 대청소하기

① 햄스터를 이동장이나 채집통, 탈출이 불가능한 플라스틱 박스로 옮긴다. 청소하는 동안 햄스터가 불안해하지 않도록 원래 사용하던 베딩을 함께 넣어 준다.

② 책상용 빗자루 세트의 쓰레받기를 이용해 더러워진 베딩을 쓸어 낸다. 이때 전체 베딩의 2/3 정도만 버리고 깨끗한 부분은 재사용을 위해 따로 남겨 둔다.

③ 먼지, 배설물, 남은 먹이를 모두 쓸어 내고 물로 미세먼지까지 닦아 낸다. 배설물 자국이 있으면 식초를 두세 방울 떨어뜨려 2~3분 정도 둔 뒤에 깨끗하게 닦는다.

④ 급수기, 급식기, 놀이기구를 해체해서 닦는다. 급수기는 해체해서 물을 버리고 가는 솔로 급수기 내부와 대롱을 씻는다. 남은 세제를 햄

스터가 섭취할 가능성이 있으므로 세제는 가급적 사용하지 않는다.
⑤ 은신처를 닦은 후 ②에서 남겨 뒀던 베딩을 넣고 나머지는 새것으로 채운다. 모아 둔 먹이가 있다면 오래된 것은 버리고 얼마 되지 않은 것은 한두 알 남긴다. 은신처는 햄스터에게 중요한 공간이므로 청소 후 불안감을 느끼지 않게 오래된 베딩이나 먹던 먹이 등을 남겨서 다시 넣어 주는 것이 좋다.
⑥ 화장실을 사용한다면 배설물만 치우고 새 모래, 우드 펠릿 등을 채운다.
⑦ 씻어 둔 급수기, 급식기, 놀이기구가 다 마르면 원래대로 조립해서 넣으면 청소 끝!
⑧ 햄스터를 청소한 집으로 옮긴다.

베딩

베딩, 즉 깔짚이란 설치류 등 작은 동물을 기를 때 바닥에 깔아 주는 것을 통칭한다. 작은 설치류는 바닥을 파고드는 습성이 있기 때문에 베딩이 충분히 깔려 있어야 한다. 햄스터는 베딩 아래로 파고들며 놀거나 음식을 숨기면서 심리적인 안정감을 얻는다. 또한 햄스터는 대부분 한 곳에 오줌을 누기 때문에 그 자리에 흡수성이 좋은 베딩을 깔아 두면 오줌 처리가 수월하다.

국내에서는 베딩으로 나무 톱밥, 압축 나무, 종이, 펄프 등을 많이 사용하는데, 외국에서는 멸균된 흙을 구입해서 베딩으로 사용하는 경우도 있다. 하지만 그것을 보고 근처에서 흙을 퍼다가 베딩으로 사용했다가는 기생충이나 벌레가 묻어올 수 있으므로 위험하다.

최근 치우기 쉽고 보기 좋다는 이유로 베딩을 깔지 않는 경우가 늘고 있다. 햄스터가 소변을 가리면 베딩을 깔지 않기도 하지만 베딩 없이 기르면서 화장실만 고양이 모래를 사용하는 것은 좋은 방법이 아니다. 베딩은 햄스터가 땅을 파고 들어가는 습성과 땅을 파헤치며 먹이를 숨기는 등의 본능을 충족시켜 주는 용품으로 베딩이 없으면 그런 본능을 충족시킬 수 없기 때문이다. 또한 고양이 모래는 햄스터에게 좋지 않다.

그러므로 베딩 선택은 아주 중요하다. 오줌을 잘 흡수할 수 있는 재질인지, 접촉하는 시간이 많으므로 까끌함의 정도나 미세먼지의 정도 등을 베딩 종류별로 꼼꼼하게 체크해야 한다.

베딩의 종류

★ 나무 톱밥형 베딩

반려인이 가장 많이 사용하는 베딩은 나무 톱밥형으로, 포장 형태에 따라 압축형과 비압축형으로 나뉜다. 압축형 베딩은 부피가 작아 보관이 용이하지만 작은 입자의 나무 먼지가 포함되어 있어 호흡기 질환을 유발할 수 있다. 따라서 압축형 베딩을 사용한다면 깔기 전에 체로 한 번 걸

러 주는 것이 좋다. 비압축형 베딩은 먼지가 적어 호흡기 질환의 위험은 낮지만 부피가 있어서 보관이 어려운 것이 단점이다.

삼나무, 소나무 베딩에 알레르기를 일으키는 햄스터가 있으므로 처음 사용할 때는 소량만 구매해서 알레르기 증상을 보이는지 먼저 체크한다. 만일 베딩을 사용하던 중 재채기를 하거나 눈물을 흘리는 등의 증상을 보이면 사용하던 베딩을 모두 버리고 다른 베딩으로 교체해야 한다.

나무 톱밥형
흡수력 : 하
탈취력 : 중
미세먼지 발생 정도 : 상
까끌함 : 다양
알레르기 유발도 : 중~상

★펄프형 베딩
펄프형 베딩은 종이를 원료로 한 것으로 재활용 종이, 표백 처리가 된

펄프형

흡수력 : 중
탈취력 : 중
미세먼지 발생 정도 : 다양
까끌함 : 하
알레르기 유발도 : 하

종이, 화학 처리가 되지 않은 종이 등이 있다. 나무 톱밥형 베딩에 알레르기 반응을 보이는 햄스터에게 좋다. 펄프 칩 베딩, 풀어 쓰는 베딩, 휴지를 뭉친 듯한 베딩 등 종류가 다양하다.

★우드 펠릿형 베딩

우드 펠릿형 베딩은 나무 톱밥을 알갱이 형태로 압축해서 만든 베딩이다. 우드 펠릿은 햄스터, 토끼, 고슴도치뿐 아니라 고양이 화장실용 깔짚으로도 많이 사용되고 있으며 난방 연료로도 사용된다. 지름 약 8밀리미터, 길이 약 10밀리미터의 원통형인데, 오줌 등 습기를 머금으면 부풀어 오르다가 풀어져서 가는 입자로 변한다. 자연 재료임에도 흡수력이 좋은 편이고, 탈취력 또한 매우 좋다. 미세먼지 발생도 나무 톱밥보다 적은 편이지

우드 펠릿형

흡수력 : 중
탈취력 : 상
미세먼지 발생 정도 : 중~하
까끌함 : 하
알레르기 유발도 : 중

만 수분이 닿아서 가는 입자로 바뀐 우드 펠릿은 먼지를 유발할 수 있으므로 빨리 치워야 한다.

햄스터를 만진 후 간지러우면 알레르기일까?

햄스터를 만진 후 기침을 하거나 가려움증을 느낀다고 해서 모두 햄스터 털 알레르기는 아니다. 알레르기를 유발하는 물질은 햄스터의 털뿐만 아니라 베딩, 모래 등 다양하기 때문이다. 햄스터를 만졌을 때 아무 문제가 없었는데 갑자기 알레르기 증상이 나타났다면 베딩이나 모래를 바꾸지 않았는지 체크한다. 베딩이나 모래와 상관없이 알레르기 증상이 계속된다면 햄스터 털 알레르기일 가능성이 있으므로 병원에서 알레르기 테스트를 받는다. 햄스터 털 알레르기가 없었다가 갑자기 생기는 경우도 있다.

은신처

    햄스터는 야생에서 굴 안에 사람 주먹 두 개 크기만 한 작은 방을 만들어 침실로 활용한다. 햄스터는 굴 안에서 지내는 시간을 대부분 침실에서 보낼 정도로 자는 공간이 매우 중요하다. 따라서 햄스터 집을 꾸며 줄 때도 침실 역할을 할 수 있는 은신처를 따로 마련해 줘야 한다. 은신처를 마련해 주지 않으면 구석에 베딩을 가득 쌓아서 그곳을 쉼터로 쓰는 햄스터도 있다. 그러므로 햄스터의 정서적 안정을 위해서라도 숨을 수 있는 은신처를 꼭 만들어 줘야 한다.

    은신처의 크기는 햄스터가 들어가서 몸을 돌릴 수 있을 정도면 충분하고, 입구는 햄스터의 몸통보다 넓어야 한다. 판매되고 있는 은신처를 사용해도 되고, 터널 끝에 마개를 끼워 은신처로 쓸 수도 있다. 일반 용품 중에서는 햄스터 몸집보다 조금 큰 작은 화분, 작은 상자, 입구가 넓은 음료수 병 등을 은신처로 사용할 수 있다.

    은신처는 터널로 연결해 집 밖으로 빼낼 수 있는지의 여부에 따라 외

🔺 도자기 은신처.
▲ 외장형 은신처.

1. 코코넛 껍질 은신처.
2. 반찬통을 이용한 은신처.
3. 바닥이 뚫린 은신처.

장형와 내장형으로 나눌 수 있다. 외장형은 터널을 이용해서 은신처를 집 밖으로 빼낸 경우이다. 햄스터는 자연 상태에서 만든 굴처럼 통로를 지나서 작은 방과 같은 공간에 있는 것을 좋아해서 그곳을 은신처로 삼는다. 또한 이곳을 은신처뿐 아니라 먹이 창고, 화장실 등 햄스터가 원하는 대로 사용할 수 있다.

터널로 연결되지 않는 내장형 은신처는 재질에 따라 나무, 코코넛 껍질, 화분, 플라스틱, 도자기, 천 등 형태가 다양하다. 드워프 햄스터는 은신처 내에 오줌을 쌀 수 있으므로 은신처 아래가 막혀 있지 않은 것을 택한다. 나무나 코코넛 껍질 소재의 은신처는 이빨갈이, 발톱갈이로도 사용할 수 있어 일석이조이다.

밥그릇과 급수기

🐹 밥그릇

햄스터의 밥그릇은 햄스터가 쉽게 옮기거나 뒤집지 못하는 것이 좋으므로 도자기 재질의 무거운 그릇이 좋다. 철장형 케이지라면 케이지 부착형 밥그릇도 좋다. 밥그릇에 음식이 오래 남아 있으면 음식의 맛도 떨어

지고 변질될 우려도 있으므로 아깝더라도 매일 비운다. 밥그릇은 일주일에 한 번 케이지 대청소를 할 때 씻는다.

일부러 음식을 케이지 여기저기에 숨겨 두는 반려인이 있다. 그런데 햄스터는 음식을 먹이 창고로 옮기는 습성이 있으므로 소변을 가리지 못한다면 오줌, 먼지 등에 노출되어 음식이 상할 수 있으므로 하지 않는 것이 좋다.

급수기

햄스터의 물 소비량은 온도, 활동량, 먹이에 포함된 수분량에 따라 다르지만 평균적으로 하루에 체중 100그램당 10밀리리터의 물을 마신다. 만약 햄스터가 150그램이라면 15밀리리터로 계산해서 먹인다.

물은 동물이 살아가는 데 필수적인 성분이다. 햄스터 또한 몸의 70퍼센트가 물이기 때문에 물이 약간만 부족해도 건강에 치명적일 수 있다. 따라서 햄스터가 원할 때마다 깨끗한 물을 먹을 수 있는 환경이 갖춰져 있어야 한다.

납작한 물그릇은 베딩이 들어가 지저분해질 수 있으므로 대롱이 달린 급수기를 이용하는 것이 좋다. 급수기를 선택할 때는 물이 새지 않는지, 햄스터가 대롱을 갉아 파손될 위험이 없는지 주의 깊게 살핀다.

급수기는 햄스터가 몸을 세워서 편안하게 두 발로 잡고 먹을 수 있을 정도의 높이에 설치한다. 너무 낮을 경우 자세가 불편해서 마음껏 먹을 수 없다. 만약 집을 터널로 연결하여 확장 설치한다면 주요 활동 공간과 놀이 공간에 급수기를 각각 하나씩 마련한다. 다 먹지 않았어도 매일 신선한 물로 갈아 준다. 눈금이 있는 급수기는 햄스터가 하루에 마시는 물

급수기를 이용하고 있는 골든 햄스터.

의 양을 체크할 수 있고 아플 때 약을 먹이기에도 수월하다. 하루치 약을 먹이려면 햄스터의 하루 급수량에 약을 타서 급수기를 통해서 약을 먹도록 한다. 이틀치 약을 받아왔다면 급수기에 이틀치 급수량을 넣은 후 약을 타서 마시게 한다.

화장실

　햄스터의 오줌 냄새는 매우 강해 견디기 힘들 정도이고, 햄스터가 내는 냄새의 90퍼센트가 바로 오줌 냄새이다. 그런데 이런 냄새는 사람뿐만 아니라 햄스터에게도 문제를 일으킨다. 오줌을 제때 치워 주지 않으면 강한 암모니아로 인해 햄스터 호흡기에 문제가 생길 수 있으므로 빨리 치워야 한다. 오줌은 냄새가 강할 뿐 아니라 집 구석에 찌꺼기로 하얗게 말라붙어서 시간이 갈수록 청소하기가 어려워지므로 바로 치우는 것이 좋다. 말라붙은 찌꺼기는 식초를 이용해서 청소하면 된다.

　이런 문제를 해결하려면 햄스터에게 소변 가리기 훈련을 시켜야 한다. 훈련을 시켜서 오줌을 한 곳에서 누게 한 후 제때 화장실을 치우면 냄새 문제에서 해방될 수 있다. 그런데 소변 가리기 훈련이 가능할까? 정답은 '가능하다'이다. 그러므로 일단 화장실을 마련해서 차근차근 훈련을 시작한다.

　햄스터 화장실은 통의 깊이가 적어도 3센티미터 이상이어야 하고, 넓이는 햄스터가 몸을 자유롭게 움직일 수 있을 정도면 적당하다. 햄스터의 오줌양은 생각보다 많아서 베딩이나 목욕 모래 같은 흡수성이 있는 물질을 1~2센티미터 정도로 담아 둬야 화장실 사용과 청소가 쉽다. 시중에서 판매 중인 햄스터용 화장실을 사거나 햄스터가 쉽게 갉지 못하는 플라스틱 재질의 통을 화장실로 사용하면 된다.

소변 가리기 훈련

햄스터는 소변 가리기 훈련이 가능하다고 했지만 종에 따라 차이가 있다. 골든 햄스터는 화장실을 가릴 확률이 높고, 드워프 햄스터는 가리지 못할 확률이 높다. 또한 햄스터가 화장실을 가린다는 건 화장실에서 오줌을 해결한다는 것이지 똥은 해당되지 않는다. 햄스터는 똥을 따로 모아 놓았다가 먹거나 아무데나 흘린다. 그래서 똥은 일주일에 한 번 대청소를 할 때 함께 치운다. 오줌과 달리 똥은 냄새가 많이 나지 않으므로 대청소

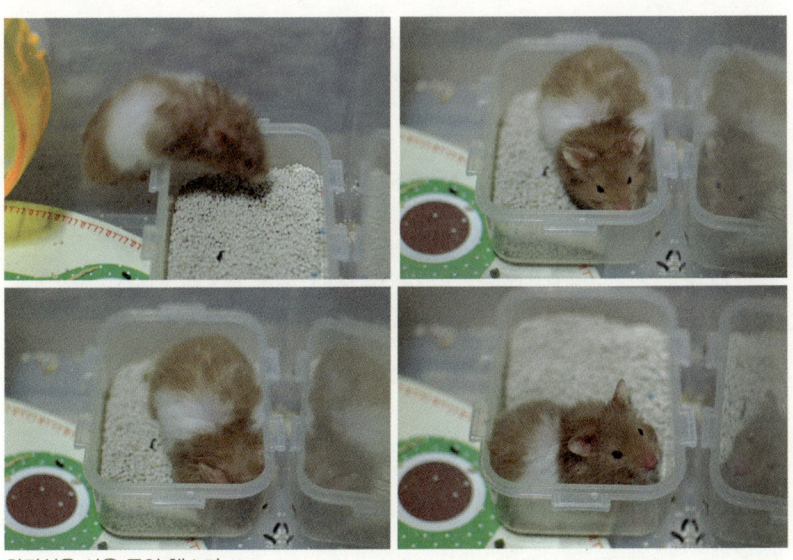

화장실을 사용 중인 햄스터.

우드 펠릿형 베딩을 넣은 화장실.

할 때 치우면 충분하다.

햄스터의 소변 가리기 훈련은 개, 고양이와는 다르다. 반려인이 원하는 곳에 화장실을 두고 훈련을 하는 것이 아니라 햄스터가 원하는 곳에 화장실을 두고 훈련을 한다. 관찰을 통해서 햄스터가 주로 오줌을 누는 곳에 화장실을 설치한 후 햄스터 스스로 화장실로 인식하게 만드는 것이다. 훈련이 완료되면 2~3일에 한 번씩 화장실 속 더러워진 베딩을 새 베딩으로 갈아 주면 된다. 이런 방법이 효과가 없으면 햄스터의 오줌이 묻은 베딩을 화장실 안에 넣어서 유인한다.

하지만 모든 햄스터가 화장실을 사용하는 것은 아니므로 안 된다고 실망할 필요는 없다. 화장실을 사용하지 않더라도 보통 케이지의 구석에 오줌을 누기 때문에 그곳의 베딩을 자주 갈아 주면 된다.

고양이 화장실 모래를 사용해도 될까?

소변 가리기 훈련에 성공했다면 고양이 화장실용 모래를 사용하고픈 생각이 들 수 있다. 실제로 고양이 화장실 모래를 햄스터 화장실로 이용하는 반려인도 많다. 무엇보다 고양이용 화장실 모래가 햄스터용 베딩이나 목욕 모래보다 탈취력이 뛰어나고 응고가 잘 되기 때문이다. 하지만 정말 사용해도 될까?

햄스터는 고양이와 생활 패턴이 다를 뿐 아니라 고양이에 비해 몸집도 훨씬 작다. 그래서 조심해야 할 부분이 훨씬 많다. 햄스터는 화장실을 화장실로만 쓰지 않기 때문에 만약 화장실에 저장해 뒀던 음식을 볼주머니에 넣고 운반하는데, 침에 응고된 모래가 볼주머니에 남아 있게 되면 문제가 된다. 또한 햄스터는  호기심이나 실수로 모래를 먹기도 하고, 그루밍을 하다가 발에 묻은 모래를 먹을 수도 있는데, 그때 입에 든 모래를 뱉지 못하면 소화가 되지 않아서 변비에 걸릴 수 있으며 심하면 장폐색의 원인이 되기도 한다. 흡입한 미세 모래 먼지가 폐에 모이면 호흡 기능도 서서히 나빠질 수 있다. 자주 있는 일은 아니지만 가능한 일이다.

물론 햄스터가 화장실을 화장실로만 잘 이용한다면 고양이 모래를 사용해도 큰 문제는 없다. 하지만 햄스터는 화장실에서 많은 시간을 보내는 동물이기 때문에 고양이 모래를 화장실에 사용했다가는 사고가 날 위험이 있으므로 고양이 모래를 화장실 모래로 사용하지 않는 것이 좋다. 베딩만 갈아 줘도 화장실로 사용할 수 있고, 냄새가 걱정이라면 더 자주 갈아 주면 된다.

햄스터의 오줌 색깔

햄스터의 오줌 색깔은 담황색부터 크림색까지 다양하다. 골든 햄스터는 크림색, 드워프 햄스터는 담황색이 많다. 그러니 햄스터의 오줌이 탁하다고 아  픈 것이 아니다. 다만, 오줌이 핑크빛을 띤다면 혈뇨인지 체크해야 한다.

목욕통

햄스터는 목욕을 통해 스스로 몸단장을 하고 청결을 유지하는 동물이다. 햄스터의 목욕이란 모래, 베딩을 파고 들어가 뒤집어쓴 다음 털어 냄으로써 털에 붙은 먼지, 벌레, 죽은 털 등의 이물질을 제거하는 것이다. 그러므로 개, 고양이 목욕처럼 굳이 사람이 시켜 줄 필요가 없다.

그럼에도 불구하고 굳이 목욕을 시키겠다면 준비물은 목욕통과 모래면 충분하다. 목욕통은 햄스터가 쉽게 들어가서 모래를 파거나 몸을 뒤집을 수 있도록 넉넉한 크기가 좋고, 모래가 밖으로 쏟아지지 않도록 1센티미터 이상의 턱이 있는 것이 좋다. 유리 주스 병을 눕혀서 사용하는 방법도 있다.

목욕용 모래는 시중에서 판매하는데, 햄스터마다 조금 차이가 있지만 향이 있는 모래보다는 향이 없는 모래를 선호한다. 목욕용 모래는 입자가 가늘어서 호흡기에 들어가면 문제를 일으킬 수 있으므로 자주 시키는 것은 좋지 않다.

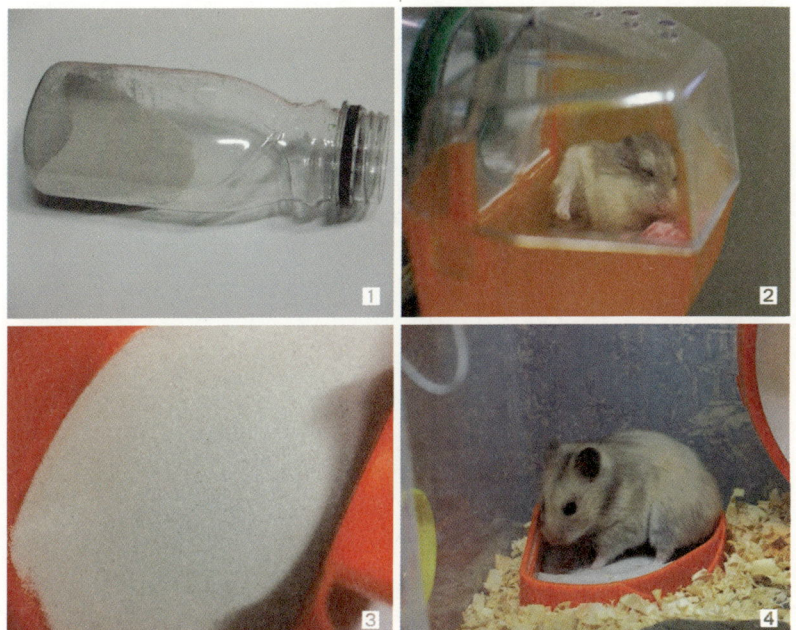

1. 페트병을 목욕통으로 사용했다. 2. 플라스틱 외장 하우스를 목욕통으로 사용했다.
3. 넉넉한 크기의 목욕통. 4. 햄스터 크기에 비해 좁은 목욕통.

 햄스터는 목욕통만 준비해 주면 알아서 목욕을 마치고 몸을 털고 나온다. 목욕이 끝나면 목욕통을 치워 준다. 만약 햄스터가 목욕통을 준비하고 30분 정도 지난 뒤에도 목욕을 하지 않으면 억지로 유도할 필요는 없다.

 물 목욕은 햄스터가 극심한 스트레스를 받으므로 시키지 않는다. 물 목욕을 시키는 사람의 손 자체를 위협적인 존재로 인식할 수 있다. 또한 스트레스를 받아 발버둥치다가 귀에 물이 들어가 중이염에 걸릴 수도 있고, 숨을 헐떡이다가 물을 들이켜 폐에 물이 차는 폐수종으로 죽는 등 예기치 않은 사고가 발생할 위험이 있다. 그러므로 수의사가 치료의 목적으로 약욕을 주문하는 경우 외에는 물 목욕은 피한다.

이동장

햄스터는 영역 동물이기 때문에 익숙하지 않은 낯선 환경으로 이동할 때 극심한 스트레스를 받고, 스트레스를 받으면 잘 아프다. 그러므로 외출은 병원이나 이사 등 꼭 필요한 경우에만 하고, 반드시 이동장을 이용한다.

이동장으로 사용할 수 있는 것은 작은 채집통, 작은 집, 이동장 전용으로 시중에서 판매하는 것 등이 있다. 손잡이가 있는 락앤락 같은 보관 용기 뚜껑에 구멍을 내고 이동장으로 이용하기도 한다. 아크릴 박스 뚜껑에 구멍이 뚫린 채집통은 가격이 저렴한 것이 장점이다.

🐹 병원 가기

햄스터를 입양하는 순간부터 근처 동물병원을 알아 둬야 한다. 아쉽게도 국내에는 햄스터를 진료하는 병원이 많지 않기 때문에 급할 때를 대비해 먼저 찾아본다. 이동 거리가 짧을수록 햄스터의 스트레스를 줄일 수 있으므로 최대한 가까운 곳으로 알아보고, 정확한 위치, 응급 시 연락처 등을 알아 둔다.

햄스터의 건강에 문제가 생겨 병원을 찾는다면 사전에 예약하면서 증세, 햄스터의 몸무게 등을 전달하면 빠르고 정확한 진료를 받을 수 있어서 좋다.

이동장에 평소 사용하던 베딩을 깔아 불안감을 없애거나 은신처를 통째로 이동장에 넣는 것도 좋은 방법이다. 이동장의 잠금 장치를 확인하고, 먹이는 따로 넣어 주지 않아도 되지만 병원 대기 시간이 길어지거나 입원할 경우를 대비해 상추, 오이 등 수분이 함유된 신선한 야채, 사료를 조금 챙긴다. 수술을 받으러 가는 경

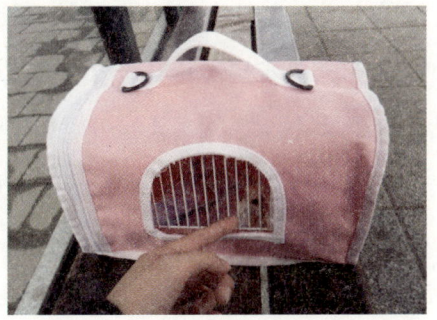

우에는 6시간 동안 금식을 해야 하므로 먹이를 넣지 않는다. 너무 추운 날에는 핫팩을, 더운 날에는 아이스팩을 이동장 밖에 붙인다.

🐹 이사하기

병원에 갈 때와 마찬가지로 이동장에 햄스터를 옮긴다. 2~3시간 정도의 짧은 시간 동안 이동하는 경우에는 먹이가 필요 없고, 수분 보충을 위해 오이, 상추 등의 야채를 조금 준비한다. 병원에 갈 때와 마찬가지로 너무 추운 날에는 핫팩을, 더운 날에는 아이스팩을 이동장 밖에 붙인다.

반려인이 이동장을 옆에 두고 바로 챙길 수 있는 상황이 아니라 떨어져서 이동해야 한다면 햄스터가 흔들리지 않도록 이동장을 차 바닥에 제대로 고정시키고, 급제동 시 은신처가 뒤집어져 다치지 않도록 일체의 물품은 넣지 말고 충격 완화를 위해 베딩만 5센티미터 이상 깔아 준다. 이때도 가장 중요한 것은 탈출하지 못하도록 잠금 장치를 확실히 확인하는 것이다.

이사하는 곳까지 반나절 이상 걸린다면 이동장에 넣어서 이동하는 것은 무리이다. 햄스터가 주로 이용하던 은신처, 장난감 등이 있는 집에 넣어서 통째로 이동해야 한다. 집째로 이동할 때는 공기 순환을 위해서 철장형이 좋으며 직사광선을 피해서 그늘진 곳에 둬야 한다. 음식, 이빨갈이, 베딩을 함께 넣어 주되 물이 샐 수 있으므로 급수기는 뺀다. 대신 수분을 보충할 수 있는 야채를 넣어 준다. 햄스터가 있는 공간이 너무 춥거나 덥지 않은지 항상 확인하면서 더워하면 시원하게 해 주고, 추워 보이면 따뜻하게 해 주는 등 문제가 생겼을 때 올바른 처치를 해 줘야 한다. 또한 이동 중에는 절대로 햄스터를 이동장이나 케이지에서 꺼내지 않는다.

만일 비행기를 이용해서 멀리 이사를 간다면 햄스터를 데리고 가기 힘들다. 배는 가능하지만 비행기로는 불가능한데, 국내 항공사에서는 햄스터를 승객으로도 화물로도 받아 주지 않기 때문이다. 해외 항공사는 찾아보면 가능한 곳이 있다. 그러므로 함께 배나 외국 항공기를 이용해서 이동하거나 그것이 힘들다면 잘 보살펴 줄 수 있는 새 가족을 찾아야 한다.

🐹 여행

2박 3일 정도 여행을 간다면 햄스터는 데려가지 않는 것이 좋다. 충분한 먹이와 물만 있으면 혼자 있는 것이 햄스터에게 더 좋을 수도 있다. 집을 비우는 동안 급수기가 샐 수 있으므로 여분의 급수기를 꼭 설치해 둔다. 기상 악화 등의 이유로 돌아오지 못할 경우를 대비해 이웃이나 친척에게 햄스터를 보살피는 법에 대해 간단히 설명하고, 부탁하고 간다.

3일 이상 집을 비운다면 지인에게 하루에 한 번씩 햄스터를 보러 와 달라고 부탁한다. 만약 매일 방문해서 돌봐줄 사람이 없다면 햄스터를 잘 돌볼 수 있는 사람의 집에 햄스터를 맡긴다.

Illust 김소영

5장 건강한 생활 관리

햄스터의 잠자기

야행성인 햄스터는 낮에 자고 밤에 활동한다. 밤에는 엄청난 거리를 이동하며 먹이를 모으고, 낮에는 잠을 자며 밤에 소모한 에너지를 보충한다. 반려동물이 되었지만 햄스터는 야생 햄스터의 이런 습성을 그대로 가지고 있다. 그러므로 햄스터의 활동 시간에 맞춰 돌본다면 햄스터의 생활 리듬에 무리를 주지 않아 정신적·신체적 스트레스를 줄일 수 있다.

수면 사이클은 햄스터마다 다르다. 불빛에 전혀 영향을 받지 않고 정해진 시간에 자고 일어나는 햄스터가 있는가 하면, 불이 켜져 있으면 낮이라고 생각해서 새벽 2시까지 잠을 자는 햄스터도 있다. 하지만 대부분은 오전 11시경에 잠을 자기 시작해 배가 고프면 잠시 일어나서 움직이다가 더 잔다. 자다가 깨는 시간은 햄스터마다 천차만별이다. 차이가 있기는 하지만 대부분 밤 10시 이후에 일어나 밤새 활발하게 활동한다.

골든 햄스터는 수면 사이클과 상관없이 잘 때 깨우면 싫어하고, 다른 곳으로 이동해서 다시 잔다. 반면 드워프 햄스터는 골든 햄스터보다 낮

에 깨어 있는 시간이 많은 편으로 자다가도 잠깐 일어나 활발하게 움직인다. 그러므로 낮에도 움직이는 햄스터를 보고 싶다면 드워프 햄스터를 기르는 것이 좋다.

　야행성인 햄스터를 키울 때 세워야 할 가장 중요한 원칙 중 하나는 자고 있는 햄스터를 깨우지 않는 것이다. 햄스터의 생활 리듬을 무시하고 사람에게 맞추려는 것은 어떤 햄스터에게도 상당한 스트레스이다. 잠을 푹 자지 못하면 건강에 나쁜 영향을 끼칠 뿐 아니라 사람 손을 무서워하게 된다. 또한 잠을 설치면 신경질적으로 변해서 사람을 물 수도 있다. 따라서 사람의 생활 리듬에 햄스터를 맞추려고 하지 말고 햄스터의 습성 그대로를 인정해 줘야 한다.

　햄스터의 잠을 방해하지 않기 위해서는 햄스터 집인 케이지를 TV, 냉장고 등 생활 소음으로부터 떨어진 조용하고 어두운 곳에 두고, 집 안에 은신처를 넣어 줘서 편안하게 잘 수 있도록 한다. 케이지 청소, 먹이 주기 등은 햄스터가 깨어 있는 저녁 시간에 한다. 부득이하게 자고 있는 동안 밥을 주거나 물을 갈아 줘야 한다면 햄스터를 낮은 소리로 불러서 잠에서 깨운 후 천천히 움직여 놀라지 않게 한다. 또한 핸들링은 햄스터가 완전히 깨어 있을 때에만 한다.

잠자는 햄스터를 깨우면 안 되는 이유

잠에는 크게 수면 중 눈이 움직이는 얕은 잠인 렘REM수면과 눈이 움직이지 않는 깊은 잠인 비렘nonREM수면이 있다. 사람이나 햄스터나 렘수면과 비렘수면이 적절히 조화를 이뤄야 다음 날이 상쾌하다.

신경생리학자 네일러에 따르면 골든 햄스터의 생체주기는 나이가 들면 변화가 생기고 수면 시간도 달라진다고 한다. 네일러는 동일한 조건 아래 3개월령 골든 햄스터 12마리와 17~18개월령 골든 햄스터 18마리의 수면 주기를 연구했다. 연구 결과 나이 든 햄스터는 수면 시간이 증가했으며, 특히 깊은 잠인 비렘수면이 증가한 데 반해 가장 깊은 잠인 델타수면의 양은 27퍼센트나 낮았다. 이는 나이가 들수록 질 좋은 수면이 부족하기 때문에 수면의 양을 늘려서 질을 보충하는 것이라고 해석된다.

따라서 자고 있는 햄스터를 깨우면 깊은 잠을 자지 못하기 때문에 피곤한 나머지 신경질적으로 변한다. 게다가 나이 든 햄스터를 깨우면 그렇지 않아도 잠이 부족해 생체 리듬 조절이 힘든데 피로를 풀 수 있는 시간을 방해받기 때문에 건강에 더 나쁜 영향을 끼친다. 그러므로 햄스터가 자고 있을 때는 절대 깨우면 안 된다.

털 손질과 발톱 관리

🐹 털 손질

햄스터는 포식자로부터 자신을 보호하기 위해 수시로 몸단장을 한다. 털을 잘 다듬어서 온몸의 감각을 예민하게 유지하기 위함이다. 이렇듯 스스로 털 관리를 하기 때문에 따로 빗질을 할 필요가 없다. 가끔 귀 뒤, 등, 배의 분비샘 근처가 기름져 있지만 분비물로 영역 표시를 하는 햄스터에게 극히 자연스러운 현상이므로 신경 쓰지 않아도 된다.

하지만 장모종의 햄스터는 털 관리가 필요하다. 장모종은 야생 햄스터에서는 나타나지 않는다. 1972년경 미국 펫숍에서 돌연변이로 장모 햄스터가 태어났다는 기록이 있고, 이후 자연적으로 발생한 돌연변이를 품종 개량해서 장모종으로 고정시킨 것이다. 털이 엉키거나 베딩이 털에 붙기도 하므로 털이 엉키지 않게 정기적으로 일주일에 두 번 빗질을 하고 엉킨 털은 가위로 잘라 준다. 하지만 털에 붙은 베딩을 제거하려고 빗질을 할 필요는 없다. 집으로 돌려보내는 순간 베딩이 다시 붙기 때문이다.

빗질 후에 간식을 먹고 있다.

빗은 소동물용으로 나온 부드러운 브러시나 부드러운 모로 된 사람용 칫솔을 사용하면 된다. 햄스터가 빗질을 좋아할 수도, 싫어할 수도 있으므로 부드럽게 시도한 후 반응을 살핀다. 햄스터가 놀라 도망가거나 위협하는 소리를 내지 않고 몸을 쭉 편 채 바닥에 엎드려 있으면 빗질을 즐기는 것이므로 놀이 시간에 빗질을 하면서 애정을 나눌 수 있다. 만약 싫어한다면 간식을 주면서 한두 번 슬쩍 빗질을 시도하면서 조금씩 횟수를 늘려간다.

빗집 방법은 다음과 같다.

① 햄스터가 빗을 충분히 인식할 수 있도록 다가와서 보고 만지고 물게 한다.

② 놀라지 않도록 천천히 햄스터 목 뒤로 빗을 가져간다.

③ 등을 타고 내려가면서 빗질을 한다.

④ 도망가거나 화를 내지 않고 빗질을 할 수 있도록 등을 쭉 편다면 천천히 빗질을 계속한다. 하지만 싫어하는 기색이 보이면 바로 그만둔다. 처음엔 등 부분만 두세 번 정도 빗질을 하다가 익숙해지면 몸 전체로 조금씩 늘려 간다.

⑤ 빗질이 끝나면 좋아하는 간식을 준다.

발톱 관리

야생 햄스터는 땅, 바위, 나무 등을 밟고 돌아다니는 사이에 자연스럽게 발톱이 닳는다. 집에서 생활하는 햄스터도 베딩을 밟고 이빨갈이용 장난감 위를 오르내리는 과정에서 발톱이 닳기 때문에 따로 발톱을 관리할 필요는 없다. 코코넛 껍질 등 목재 재질의 은신처, 목재로 된 시소와

이빨갈이와 자연스러운 발톱갈이가 가능한 나무 장난감.

사다리 등의 장난감을 넣어 주고 베딩을 풍부하게 깔아 주면 자연스럽게 발톱이 닳는다.

하지만 무베딩 생활을 하거나 나이가 들면서 운동량이 부족해져 발톱이 길어졌다면 관리를 해 줘야 한다. 발톱이 길어지면 걷는 게 힘들어져 관절에 무리가 가거나 몸단장을 할 때 상처를 입히거나 발톱이 부러져 피가 날 수 있다. 장난감 터널이나 쳇바퀴 안에 1000방 이상의 고운 사포를 덧붙이는 방법도 있다.

하지만 발톱이 너무 길어 몸 쪽으로 휘기 시작했다면 발톱깎이를 이용해 잘라 줘야 한다. 햄스터의 발톱에는 다른 동물과 마찬가지로 신경과 혈관이 있기 때문에 발톱을 자를 때에는 조심해야 한다. 자칫 신경과 혈관을 건드리면 매우 아프기 때문이다. 발톱을 보면 발가락 끝에서부터 연결된 분홍색 형체가 보이는데 그것이 바로 신경과 혈관이다. 따라서 분홍색 부위는 그대로 남겨 두고, 발톱 끝부분만 자른다. 만약 햄스터가 발톱 깎는 데 비협조적이라면 하루에 한두 개씩만 깎는다.

발톱깎이를 이용해서 발톱을 깎는 방법은 다음과 같다.

먼저 고양이용 발톱깎이 작은 것과 부드러운 타월, 가루 형태의 지혈제를 준비한다. 그리고 햄스터를 잡아 줄 사람이 한 명 더 필요하다.

한 사람이 햄스터를 부드러운 타월에 감싸서 두 손으로 잡고 상반신만 노출시킨다. 그런 다음 햄스터가 좋아하는 간식을 주어서 햄스터가 간식을 붙잡고 먹게 한다. 그때 햄스터를 안고 있는 사람이 간식을 움직여서 햄스터가 고개를 옆으로 돌리도록 한다.

햄스터를 안고 있지 않은 사람이 발톱의 가장자리만 조금 자른다. 무엇보다 신경과 혈관을 건드리지 않도록 조심해야 한다. 발톱을 깎다가 피가 났다면 지혈 파우더를 발톱 끝에 묻힌다. 발톱을 깎는 중에 햄스터가 발버둥치면 바로 그만두고 잠시 후에 다시 시도하거나 다음 날 다시 시도한다. 발톱 깎기는 깎을수록 익숙해지므로 처음부터 무리하지 않아도 된다.

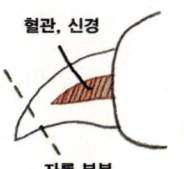

계절나기

🐹 햄스터의 겨울나기

"안녕하세요, 골든 햄스터를 기르고 있는 소녀입니다. 처음 겨울을 나는 거라 걱정이 많아요. 침대 옆에 케이지를 뒀고 방은 따뜻한 편이에요. 그런데 예전에 비해 쳇바퀴를 잘 굴리지도 않고 밥을 줄 때만 은신처에서 나와요. 햄스터가 잘 움직이지 않는데 괜찮은 건가요?"

햄스터를 기르고 있는 반려인에게서 받은 이메일이다. 골든 햄스터를 포함한 몇몇 햄스터는 겨울 추위에 특히 약하다. 그래서 야생에서는 겨울이 되기 전에 몸에 지방을 비축하거나 겨울잠 중에 가끔 일어나서 먹을 비상 식량을 챙겨 둔다. 그러다가 겨울이 되면 겨울잠에 들어가 몸의 대사량을 낮춰 생명을 유지한다.

하지만 사람과 사는 햄스터는 계절의 변화에 민감하게 반응하지 못하는 데다 원하는 먹이를 원하는 만큼 비축할 수도 없기 때문에 갑자기 집의 온도가 내려가 겨울잠에 빠지게 되면 다시는 깨어나지 못할 가능성이 있다. 이메일을 보낸 반려인도 햄스터가 겨울잠에 들어가는 것은 아닌지 걱정스러워 이메일을 보냈을 것이다. 햄스터가 겨울잠에 들어가지 않고 건강하게 겨울을 날 수 있는 방법에 대해 알아보자.

은신처에 솜을 가득 넣어서 온도를 유지한다.

먼저 적정 온도를 유지해야 한다. 햄스터는 섭씨 10도에서도 겨울잠에 빠질 수 있을 만큼 추위에 약하다. 그러므로 햄스터 집이 있는 곳은 실내 온도가 영상 15~23도를 유지해야 한다. 외출 등으로 난방 장치를 꺼놓을 때에도 영상 10도 이하로는 내려가지 않도록 해야 한다.

실내 온도와 더불어 베딩과 은신처의 사용도 중요하다. 아무리 실내 온도를 적정 온도로 맞춰도 겨울은 춥게 마련이다. 추워지면 햄스터는 잘 움직이지 않으려고 하므로 햄스터의 활동력이 예전만 못하다면 베딩을 조금 더 두껍게 깔고 은신처에는 소동물용 솜 베딩, 펄프 베딩 등 온도를 유지할 수 있는 베딩을 넉넉히 넣어 준다. 도자기 재질의 은신처는 여름에는 시원하고 겨울에는 보온이 잘 되어 좋다. 겨울에는 아래 사진과 같이 천으로 만든 파우치를 은신처 대신 넣어 주기도 하는데 보온성 면에서는 베딩을 넉넉하게 넣어 주는 것이 더 좋다.

또한 겨울에는 먹이를 풍족하게 줘야 한다. 야생에서 동물들은 대부분 겨울을 나기 위해 몸에 피하지방을 축적한다. 그러므로 날씨가 쌀쌀해지기 시작하는 늦가을부터 지방이 많은 밀웜, 해바라기씨 등의 공급을 늘려 겨울에 대비할 수 있도록 한다.

이렇게 준비했는데도 불구하고 추운 날씨가 계속되거나 난방이 잘 되지 않는 방에서 사는 햄스터는 겨울잠과 비슷한 상태인 혼수상태에 빠질 수 있다. 저체온으로 인한 일종의 쇼크 상태로 외부 자극에 반응하지 않고 움직이지 않기 때문에 마치 죽은 것처럼 보인다. 야생의 햄스터는 이런 상태에 대비해 지방을 축적하고 둥지를 따뜻하게 해서 다음해 봄에 깨어나기 때문에 겨울잠이라고 부르지만 집에 사는 햄스터는 준비가 되어 있지 않으므로 저체온으로 인한 쇼크라고 봐야 한다.

햄스터가 겨울에 마치 죽은 것처럼 움직이지 않으면 지체 없이 따뜻한 환경으로 옮긴 다음 햄스터를 손 위에 올려서 햄스터의 체온이 손의 온도와 비슷해질 때까지 기다린다. 그런 다음 배, 허벅지 위에 올린 후 손으로 살짝 덮어 준다. 따뜻한 곳으로 옮겨 조치를 취한 후 30분이 지나면 대부분 조금씩 깨어난다. 갑자기 뜨거운 곳으로 옮기거나 핫팩을 몸에 직접 대면 화상을 입을 수 있으므로 급격한 온도 변화는 피한다.

여름나기

무더운 여름은 사람뿐 아니라 햄스터에게도 힘든 계절이다. 체중에 비해 피부 면적이 넓은 햄스터는 외부 온도에 민감하게 반응하여 탈수가 일어나기 쉽다. 탈수란 몸의 70퍼센트를 이루는 물이 빠져나가는 현상으로 생명에 위협이 되는 응급 상태이다. 특히 작은 동물이나 어린 동물에게는 더 위험한데 체구가 작을수록 몸의 물의 양이 적어서 물이 조금만 소실되어도 심각한 영향을 끼친다.

더울 때는 열을 방출하기 위해서 몸의 표면적을 최대한 늘려서 잠을 잔다.

뿐만 아니라 여름철에는 고체온증에 걸리기도 쉽다. 고체온증은 체온이 너무 많이 올라가는 것으로 몸이 방출하는 열보다 더 많은 열이 생길 때 발생한다. 햄스터는 빽빽한 털이 온몸을 덮고 있어서 더위에 사람보다 민감하게 반응하고 땀샘도 적어서 더위에 약하다.

여름철에 실내 온도를 너무 덥지 않게 적정 온도를 유지하고, 적절한 수분 공급을 하지 않으면 햄스터는 생명에 위협을 받는데, 그 이유는 몸의 항상성 때문이다. 항상성은 체온, 수분, 호르몬 등을 조절해 몸이 정상적인 상태를 유지할 수 있도록 하는 신체 기능이다. 만약 체온이 너무 오르면 세포가 제 기능을 하지 못해 장기 기능부전이 오고, 심하면 죽음에 이를 수도 있다. 만약 수분을 너무 많이 잃어 탈수가 되면 산소 공급이 제대로 되지 않고, 물과 조직에 산소가 부족해지면 장기 기능부전과 더불어 여러 문제를 일으킬 수 있다. 겉으로는 몸이 축 늘어지는 것처럼 보인다. 내부적으로는 혈액이 끈적끈적해지다가 덩어리지는 현상인 혈전이 생길 수 있으며, 피가 모자라서 오는 저혈량성 쇼크에도 빠질 수 있고 방치할 경우 죽을 수도 있다.

따라서 여름에는 햄스터가 너무 더워하지 않도록 관리를 해야 하는데 특히 몇 가지를 신경 써야 한다.

★ 물 공급

여름철에는 특히 신선한 물을 항상 공급하고 물이 떨어지지 않도록 한다. 급수기가 잘 작동하고 있는지도 살핀다. 수분이 많은 신선한 야채류를 간식으로 주는 것도 좋지만 과할 경우 설사의 위험이 있으므로 소량만 공급한다.

★ 집의 위치와 환기

햄스터 집이 직사광선에 노출되어 있다면 환기가 잘 되는 그늘로 옮긴다. 창문이 없거나 내내 닫혀 있는 방에 있다면 공기가 잘 통하는 시원한 방으로 옮겨 준다. 수조형 케이지를 집으로 사용한다면 뚜껑이 있어도 환기가 제대로 안 될 수 있으므로 특히 더 신경 써야 한다.

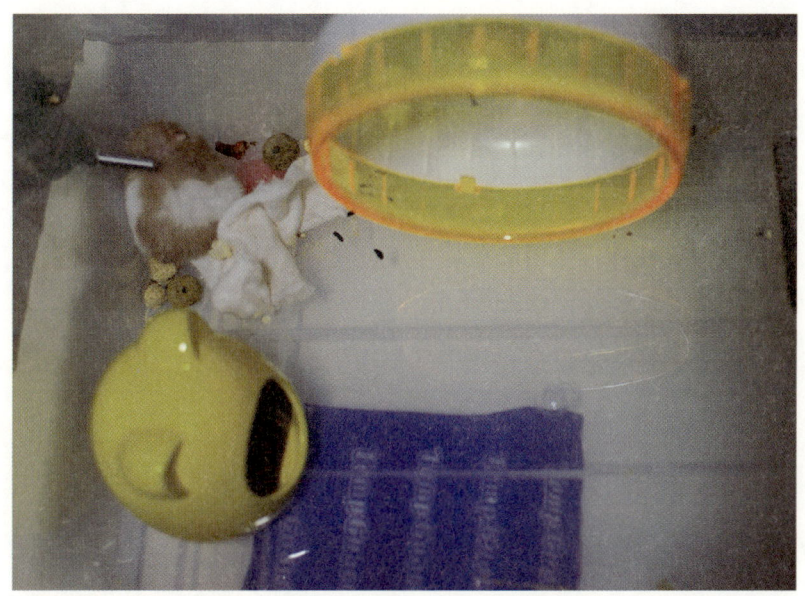
도자기 재질 은신처를 들여놓고 시중에서 구할 수 있는 아이스팩을 집 외부에 붙인다.

★ 온도 유지

은신처 밖으로 나와서 자거나 은신처 내부의 베딩을 물어다 밖으로 빼낸다면 햄스터가 더워한다는 증거이다. 특히 햄스터가 어리거나 나이가 들었다면 더위에 취약하므로 더욱 조심해야 한다. 보통 햄스터가 좋아하는 온도는 26도로 에어컨, 선풍기 등을 이용하여 전체적인 집 안 온도를 맞추는 것이 가장 좋지만, 이 방법은 유지비가 많이 든다는 단점이 있다.

차가운 공기는 아래로 가라앉으므로 케이지를 바닥에 내려놓거나 시원한 재질의 가구를 케이지 안에 넣어 준다. 타일, 도자기, 대리석 등을 케이지 안에 넣어 쿨 매트를 만들어 주거나 페트병을 이용해서 아이스팩을 만들어 준다. 아이스팩은 페트병에 물을 넣은 후 얼린 것을 말한다. 아이스팩을 케이지 안에 넣을 경우 햄스터가 페트병을 갉아서 물이 케이지 전체에 흐를 수 있으므로 아이스팩을 수건으로 감싼 후 케이지 밖에 붙이는 것이 좋다. 아이스팩 두 개를 얼려 번갈아 사용하면 편리하다. 페트병 대신 시중에서 파는 냉매가 들어간 아이스팩을 이용할 수도 있는데 반드시 케이지 외부에 붙여야 한다.

햄스터의 여름나기용 용품

	장점	단점
얼린 페트병, 아이스팩	가장 시원하고 구하기 쉽다.	적절한 외부 장착 지점이 필요하다. 습기가 생긴다. 쉽게 녹아서 자주 바꿔 줘야 한다.
대리석, 화강암 등으로 만든 돌 매트, 타일	내부에 넣을 수 있다.	아이스팩보다 덜 시원하다. 쉽게 구하기 어렵다.
도자기 은신처	구하기가 비교적 용이하다. 먹이 창고 등으로도 이용할 수 있다. 은신처이기 때문에 햄스터가 좋아한다.	비교적 가격대가 높다. 오래 있다 보면 찜통이 된다.

산책과 외출

반려동물과 함께 사는 일은 동물에 대한 공부가 우선되어야 한다. 개와 산다면 매일 하는 산책은 필수이다. 개의 행복과 건강을 위해서 꼭 필요하기 때문이다. 하지만 영역 동물인 고양이는 자기 영역이라고 생각한 공간 안에서 평화롭게 생활하므로 산책을 하지 않는다고 문제가 되지는 않는다. 햄스터도 마찬가지이다. 영역 동물인 햄스터는 자기 영역 안에서 행복하고 안전하다고 느낀다. 그러므로 햄스터를 데리고 외부로 나간다거나 함께 외출을 하지 말아야 한다. 햄스터는 낯선 곳에 가면 극심한 스트레스를 받는다. 종종 햄스터를 손에 쥐거나 주머니에 넣고 외출하는 사람들이 있는데 이런 행동은 인간의 즐거움을 위한 것이지 햄스터를 위한 것이 아니다.

햄스터에게 외출이나 산책은 실외가 아니라 실내면 충분하다. 햄스터 집에서 꺼내 닫힌 공간에서 장난감 등을 갖고 놀게 하는 것으로도 충분하다.

임신, 출산, 육아

햄스터는 다산하기로 유명한 동물이다. 햄스터가 기하급수적으로 늘어나는 것은 부담스럽지만 반려인이라면 키우는 햄스터의 새끼를 만나보고 싶은 마음이 들 것이다. 하지만 냉정하게 생각해 봐야 한다. 지금도 대형 마트, 펫숍에는 새 집을 찾지 못한 채 열악한 환경에서 살아가는 햄스터가 많다. 그곳의 햄스터는 좁은 공간에서 서로를 경계하며 싸우다가 죽거나 운좋게 살아남아도 힘겹게 나이 들어간다. 그럼에도 불구하고 돈을 벌기 위해서 생산 판매업자들은 끊임없이 새끼 햄스터를 만들어 내고 있다. 이런 상황에서 가정에서 햄스터를 교배시켜서는 안 된다. 잦은 교배와 출산은 햄스터에게도 신체적 부담이 되어서 건강에 좋지 않다.

하지만 원하지 않았는데 임신이 되었을 경우가 있다. 암컷 햄스터를 입양했는데 어느 날 갑자기 은신처에서 찍찍거리는 소리가 들릴 수도 있다. 모르는 사이 임신한 햄스터를 입양한 것이다. 이때에는 어떻게 대처해야 하는지 알아보자.

🐹 임신

자연 상태에서 햄스터는 각기 따로 살아가다가 새끼를 기르기 좋은 봄이 오면 암컷과 수컷은 호르몬과 냄새로 서로 만난다. 하지만 짝짓기를 하는 잠시 동안만 함께할 뿐 수정이 되면 암컷은 수컷에게 매우 공격적으로 변해 둘은 각자의 굴로 돌아간다.

햄스터가 임신을 했을 때 보이는 증후는 다음과 같다.

첫째, 수컷을 매우 공격적으로 대한다. 수컷을 쫓아내고 옆에 오지 못하게 하면 수컷은 떠나고 암컷 혼자서 출산과 양육을 해결한다.

둘째, 암컷은 출산하고 새끼를 보살필 둥지를 마련한다. 이는 햄스터에게만 나타나는 것이 아니라 어느 종이든 어미는 대부분 새끼가 클 때까지 안전하게 보살필 수 있는 둥지를 임신 중에 마련한다. 야생 햄스터는 부드러운 동물의 털, 잡초 등을 모아 둥지를 만들지만 집에서 기르는 햄스터는 톱밥을 잘게 찢어 부드럽게 만든 후 한쪽 구석에 둥지를 만들기 시작한다. 이때 소동물용 양모 베딩이나 펄프 베딩을 넣어 주면 새끼를 위한 둥지 짓기에 사용한다.

셋째, 식욕이 증가하고 먹이를 쌓아 둔다. 임신은 몸 안에서 새끼를 키워 내는 것이기 때문에 많은 에너지가 소모되는 생리적 상태이다. 암컷은 식욕이 증가해서 평소보다 먹이를 많이 쌓아 두기 시작한다. 물도 예전보다 많이 마시므로 물병을 자주 체크해 비지 않도록 한다. 야생에서는 곤충 등 단백질원을 모아 먹이 창고에 채워 두지만 불행히도 집에서는 먹이 선택권이 없으므로 햄스터가 임신을 했다면 반려인이 밀웜, 무염 치즈 등 고단백 먹이를 챙긴다.

넷째, 몸무게가 증가하고 배가 나온다. 임신을 한 햄스터는 급속도로 몸무게가 늘어난다. 고단백 먹이를 많이 섭취하여 살이 찌기도 하지만 뱃속에서 새끼들이 자라면서 허리둘레가 눈에 띄게 늘어난다. 출산일을 일주일쯤 앞두면 배 부분에 몇 개의 몽우리가 보이는데 이 몽우리가 바로 새끼들이다. 젖꼭지가 조금씩 불어나는 것도 관찰할 수 있다.

다섯째, 공격성을 보인다. 햄스터가 임신을 하면 수컷뿐 아니라 사람에게도 공격성을 보인다. 이제 어미가 되어 새끼를 길러야 하기 때문에 주변 상황에 민감하게 반응하는 것이다. 항상 다정하게 굴었던 햄스터가 갑자기 손을 피하거나 아예 만지지 못하게 하고, 이유 없이 이빨을 들이민다면 임신을 의심해 봐야 한다. 이런 상태는 육아가 끝날 때까지 계속되기 때문에 임신과 출산, 육아 기간 동안 어미를 자극해서는 안 된다.

평소에는 아무렇지도 않았던 일들이 임신 기간에는 스트레스가 되므로 어미를 들어올려 관찰한다거나 집 청소를 한다거나 자주 들여다보면 안 된다. 어미의 스트레스가 심해지면 태어난 새끼들을 모두 잡아먹어 버릴 수 있다.

출산

햄스터는 주로 새벽녘에 출산을 하는데 약 한 시간에 걸쳐 진행된다. 골든 햄스터는 평균 8마리, 드워프 햄스터는 평균 6마리의 새끼를 낳는다. 출산 중 어미는 외부 자극에 극도로 민감하며, 새끼가 위험하다고 생각되면 잡아먹기도 하므로 궁금하다고 해도 절대로 출산을 지켜봐서는 안 된다.

햄스터의 중성화수술

버려지거나 펫숍에서 가족을 찾지 못한 상태로 불행하게 사는 햄스터도 많고, 새끼를 낳았어도 좋은 사람 가족에게 입양하기 어려운 상황이므로 번식력이 좋은 햄스터에게 개나 고양이처럼 중성화수술을 시켜 주면 어떨까 생각하는 사람들이 있다. 햄스터의 임신을 막기 위해 중성화수술을 해 주는 것이 옳을까?

물론 이론적으로도 실제로도 햄스터 중성화는 가능하다. 암컷에 비해 수컷의 중성화수술은 비교적 더 쉽다. 햄스터 역시 다른 동물처럼 중성화수술을 하면 수명이 6개월에서 1년가량 늘어난다. 하지만 단지 임신을 막기 위해서라면 굳이 할 필요 없다. 햄스터는 원래 한 마리만 기르는 동물이라고 계속 강조한 것처럼 애초에 케이지에 한 마리만 기른다면 임신은 불가능하기 때문이다. 이런 쉬운 방법을 두고 마취까지 하면서 중성화수술을 할 필요는 없다.

 ## 육아

햄스터의 육아는 전적으로 어미의 몫이다. 집에서 기르는 드워프 햄스터 중에는 아주 드물게 아빠 햄스터가 육아에 참여하기도 하지만 어미가 '참고 넘어가 주는' 것일 뿐이다. 아빠가 새끼를 돌보는 모습을 보고 싶

윈터 화이트 햄스터 새끼들이 크는 모습

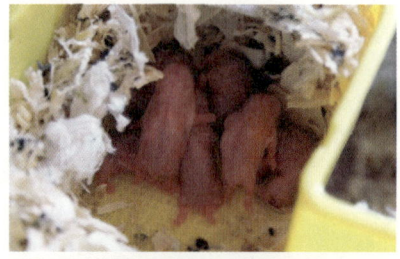
생후 1일 혼자서는 아무것도 못한다.

생후 5일 모색이 조금씩 올라온다.

생후 9일 털이 거의 다 난다.

생후 13~15일 눈을 뜬다.

은 것은 인간의 생각일 뿐이며, 암컷과 수컷을 분리하지 않으면 대부분의 수컷은 암컷에게 괴롭힘을 당하거나 심하면 죽는다. 그러므로 육아 중에도 반드시 암컷과 수컷은 분리해야 한다.

갓 태어난 새끼는 털도 없고, 눈도 뜨지 못하지만 어미의 헌신적인 보살핌으로 하루가 다르게 자란다. 털이 없으면 스스로 체온을 유지할 수

햄스터의 성장표

	절대 안정 기간					임신 가능 기간		
탄생	생후 5일	9일	13~15일	21일	6~8주		15개월	약 2년(~3년)
체중은 2~3그램, 눈, 귀 모두 닫힘, 털 나지 않음	귀 열림	털이 거의 남	눈을 뜸	젖떼기 어미가 먹는 것을 먹기 시작함	성성숙			* 암컷이 수컷보다 수명이 짧음

없기 때문에 어미가 따뜻하게 품어 주지 않으면 동상에 걸릴 수도 있다. 개체별로 차이가 있지만 털이 거의 다 자라는 생후 9일까지는 절대 안정 기간으로 산실에 손을 대거나 케이지 가까이에서 새끼를 관찰하는 등 어미에게 불안을 조성하는 행동을 해서는 안 된다.

어미에게 임신 기간 중에 줬던 고단백 식단과 신선한 물을 육아 중에도 계속 줘야 한다. 새끼들은 생후 3주까지 어미 젖을 먹고 자라는데 6~8주가 되면 성적으로 성숙해져 자신만의 공간을 꾸리기 시작하므로 4~5주가 되면 새로운 사람 가족을 찾아줘야 한다. 성적으로 성숙되었다고 바로 교배를 시키는 것은 절대 금물이다. 아직 새끼를 보살필 능력이 충분하지 않고 몸의 발육도 다 끝나지 않았기 때문이다.

여섯 마리 이상의 새끼 햄스터에게 새 가족을 찾아주는 일은 생각보다 쉽지 않다. 인터넷 동호회나 블로그 등에 새끼들이 커가는 사진을 올리면서 믿을 수 있는 사람들에게 예약을 받았다가 햄스터가 생후 4~5주가 되면 분양한다.

Illust 김소영

6장 햄스터의 감정 이해하기

행동으로 감정 이해하기

말이 통하지 않는 동물과는 여러 방법으로 소통을 해야 한다. 특히 동물의 행동 관찰은 동물이 어떤 상태인지 아는 데 가장 좋은 방법이다. 행동을 통해서 동물의 기분을 파악할 수 있다면 친해지기도 쉬울 것이다. 햄스터가 무섭다는 신호를 보내는데도 계속 다가간다면 극도로 공포를 느낀 햄스터가 사람을 물 수도 있다. 그러므로 햄스터가 일반적으로 보이는 행동을 통해서 감정을 알아보자.

🐹 베딩을 파면서 집 바닥을 왔다갔다한다 → 편안함, 일상

햄스터가 베딩에 냄새를 묻히거나 숨겨 둔 먹이를 찾거나 파는 행동은 본능에서 비롯된 것으로 편안하게 일상적인 행동을 하는 것이다. 베딩 사이사이에 먹이를 숨겨 주면 찾는 재미를 느껴서 좋아한다.

🐹 앞발을 이용해 빠른 속도로 코 주위와 귀, 머리, 몸을 다듬는다
→ 일상 혹은 불안함

이런 행동은 몸단장을 하는 것으로 그루밍이라고 한다. 우리나라의 햄스터 반려인들은 이런 행동을 '꾸시꾸시'라는 귀여운 말로 표현하기도 한다. 보통 잠에서 깨어나서 가장 먼저 하는 행동으로 수염, 코, 귀 등 감각 기관을 손질해서 감각을 예민하게 하려는 것으로 몸 구석구석을 최선의 상태로 다듬는 것이다. 하지만 함께 놀다가 갑자기 몸을 다듬는 행동은 주위 상황을 더 예민하게 파악하려는 심리에서 나오는 것으로 조금 불안해하고 있다는 뜻이기도 하다. 이렇게 불안을 느낄 때면 그냥 둬야 한다. 햄스터는 생태계 먹이사슬의 최하위에 있어서 늘 약간의 불안을 지니는 습성이 있으므로 이런 상황에서 반려인이 해 줄 수 있는 것은 없다.

🐹 한곳을 보면서 귀를 세우고 있다 → 호기심

새로운 것을 보거나 소리를 들었을 때 어떤 상황인지 궁금해하는 상태이다.

🐹 두 발로 서서 귀를 세우고 위를 본다 → 호기심, 경계

무슨 일인지 궁금해하는 상태이지만 귀만 세우고 있는 것보다 한 단계 높은 경계심을 나타낸다.

🐹 포복하듯이 몸을 일자로 펴고 바닥에 바짝 낮추고 있다
　→ 긴장

낯선 환경에 긴장하고 있다. 모르는 환경에 노출되었을 때 나타나는 행동으로 산책하는 중이라면 정상적인 행동이므로 걱정할 필요 없다.

🐹 귀를 눕히고 한곳을 본다 → 경계, 불쾌함

심기가 약간 불편한 상태이므로 다가가지 않는 것이 좋다.

🐹 **쳇바퀴를 엄청나게 빠른 속도로 달리거나 쳇바퀴에서 떨어진다 → 공포**

갑자기 핸들링을 시도하려고 하거나 케이지에 손을 넣었을 때 보이는 행동이다. 매우 놀라서 도망가려는 본능적인 행동이므로 안정될 때까지 더 이상 놀라게 하지 말고 혼자 둬야 한다.

🐹 **귀를 눕히거나 세우고 '찌이이익' 소리를 내며 이빨을 드러낸다 → 극심한 공포, 주의**

더 이상 다가오면 공격하겠다는 뜻으로 거부의 표시이다. 이때 다가가면 물릴 수 있다.

🐹 **그루밍을 하던 중에 가만히 앉아 있는다 → 편안함**

멍한 상태이다. 쳇바퀴 위 혹은 케이지 구석에서 자주 볼 수 있는 모습이다. 가끔은 멍하게 앉아 있다가 앉은 채로 잠들어 버리는 경우도 있다.

🐹 귀를 눕히고 눈을 감거나 그 상태로 먹이를 먹는다
→ 편안함, 행복함

적이 없다고 생각되어 편안하게 쉬는 것으로 비몽사몽 상태이다.

🐹 귀를 뒤로 눕히고 하품을 하며 기지개를 편다 → 편안함, 만족

편안하고 행복하며, 매우 만족하고 있다는 의미이다.

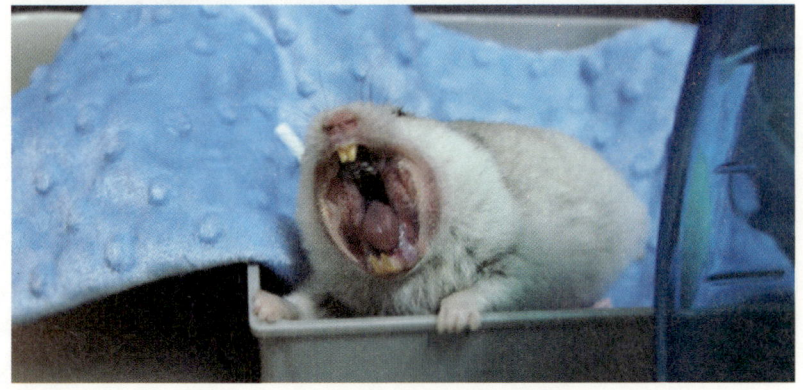

🐹 **등을 바닥에 붙인 채 배를 보이고 누워 네 다리를 쭉 펴고 잔다 → 편안함**

적이 없다고 판단할 정도로 매우 편안한 상태이다.

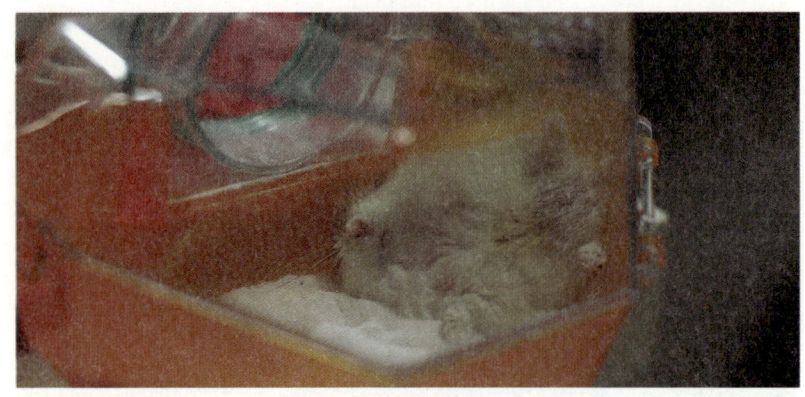

🐹 **꼬리를 치켜든 부동자세를 취한다 → 생식 욕구를 느낌**

부동자세로 꼬리를 치켜든 모습은 암컷 햄스터의 발정기 모습이다. 암컷은 발정기 때 엉덩이 부분을 만지면 본능적으로 부동자세를 취하며 꼬리를 치켜든다.

🐹 배를 내놓고 찍찍 운다 → 패닉 상태

패닉 상태의 행동이다. 보통 입양해서 집에 온 첫날 반려인의 손에 이렇게 반응한다. 물 수도 있는 매우 불안정한 상황이므로 손대지 말고 그냥 둬야 한다.

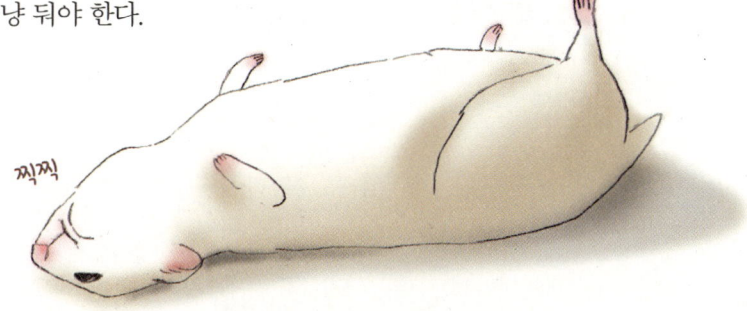

🐹 반려인을 향해 다가온다 → 원하는 게 있다

햄스터가 반려인을 향해 다가온다면 반려인에게 뭔가 요구할 것이 있을 때이다. 대부분 배가 고프니 밥이나 간식을 달라는 행동이다. 다가와서 반려인 앞의 케이지를 긁기도 한다. 햄스터가 이런 행동을 한다면 밥이나 간식을 줄 시간인지, 다른 요구 사항이 있는지 살펴본다.

소리로 감정 파악하기

햄스터는 웬만해서는 소리를 내지 않는 동물이다. 그런데 소리를 낸다면 아주 불쾌한 상태에서 경고를 하는 것이므로 바로 물러나야 한다.

찌이이이이이익, 찍, 찍찍

매우 화가 나 있는 상태이다. 햄스터끼리 싸울 때 내는 소리인데, 이런 소리를 내면서 공격하기도 한다. 햄스터가 반려인에게 이런 소리를 낸다면 바로 물러나야 한다.

취취, 칙칙

일반적으로 감기에 걸린 햄스터가 내는 소리이다. 알레르기성 재채기 혹은 기침 소리이므로 햄스터를 따뜻하게 해 준다(자세한 설명은 〈8장 햄스터의 병〉 참고).

냄새로 상태 파악하기

햄스터는 몸에서 거의 냄새가 나지 않는 동물이지만 독특한 체취를 낼 때가 있다. 냄새로 감정을 파악할 수 있는 것은 아니지만 냄새가 어떤 의미를 가지는지 알면 햄스터를 이해하는 데 도움이 된다.

발정기

암컷 햄스터에게 발정기가 오면 꼬리를 드는 부동자세를 할 뿐만 아니라 질에서 하얀 분비물이 나온다. 질 분비물에 있는 페로몬은 수컷을 유혹해서 짝짓기 행동을 일으키게 한다. 발정기 암컷의 분비물은 지리고 고약한 냄새가 나는데 햄스터에 따라 냄새가 잘 나지 않는 경우도 있다.

오줌

햄스터의 오줌 냄새는 고약해서 2~3일만 베딩, 모래를 갈아 주지 않아도 금세 냄새가 난다. 하지만 오줌을 자주 누는 자리의 베딩, 모래만 수시로 갈아 주면 냄새 걱정은 하지 않아도 된다. 간혹 오줌 냄새 때문에 탈취제를 사용하는 경우도 있는데 햄스터의 건강에 좋지 않으므로 자주 치워 주는 것이 좋다.

햄스터의 탈출

밤마다 먼 거리를 돌아다니며 먹이를 구해서 집으로 돌아오는 야생 햄스터의 습성 때문에 햄스터들은 아무리 큰 집을 마련해 줘도 탈출하고 싶어한다. 사람의 입장에서는 탈출이지만 햄스터의 입장에서는 외출이라고 할 수 있다. 그래서 사람들이 모두 잠든 틈을 타서 잠시 외출했다가 다시 집으로 돌아와 자는 경우도 종종 있다.

탈출

햄스터가 탈출하는 것은 순간이다. 잠시 문단속을 소홀히 했을 때, 햄스터 집을 청소할 때, 잠시 옮겨 둔 곳의 높이가 낮을 때, 터널 연결부가 떨어져서 탈출구가 생겼을 때 등 햄스터가 탈출할 기회는 많다. 햄스터는 생각보다 빠른 속도로 탈출하는데 밖으로 나온 후에는 매우 빠르고 예민해진다. 탈출한 햄스터는 시간이 지날수록 굶게 되어 건강에 문제가 생기거나 예기치 않은 사고로 목숨을 잃기도 하는 등 안전하게 돌아오지

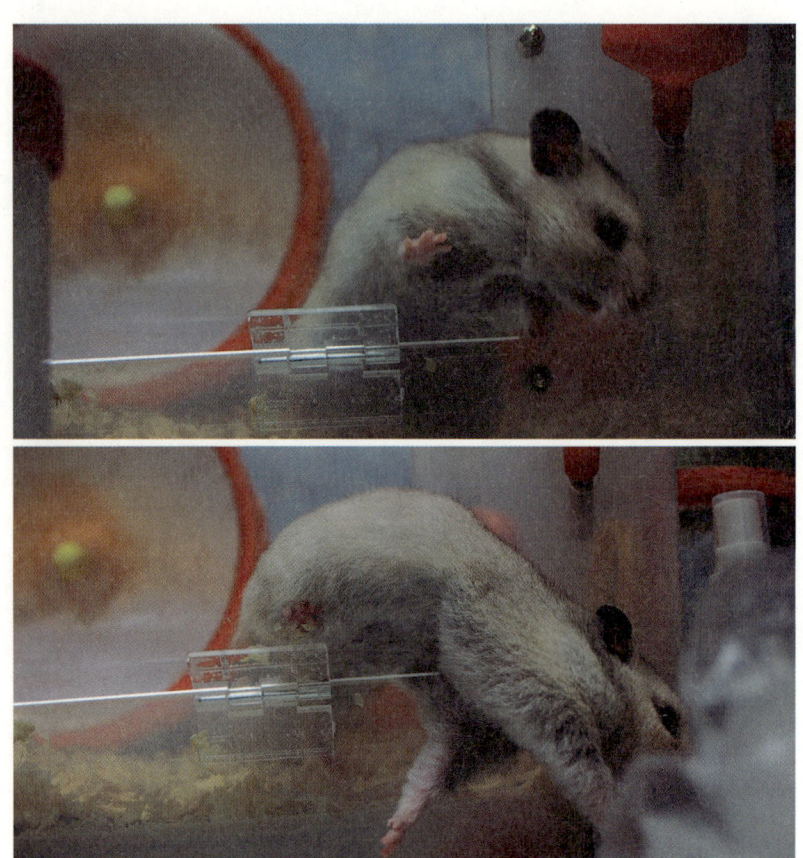

못하는 경우가 많으므로 빠른 시간 내에 구출해야 한다.

🐹 탈출 시 구조 방법

★ 햄스터 위치 파악하기

가장 중요한 것은 탈출한 햄스터가 어디에 있는지 알아내는 것이다. 먼저 조용한 상태에서 귀를 기울인다. 낮에는 소음이 많고 햄스터의 활동성이 떨어져서 소리를 듣기가 어렵지만 소음이 적고 햄스터가 활발하게 움직이는 밤에는 움직이는 소리나 찍찍대는 소리를 들을 수 있다.

소리로 햄스터의 위치를 찾는 것에 실패했다면 각 방마다 씨앗을 10~20개 정도씩 일렬로 뿌려놓고 문을 닫고 밤을 보낸다. 씨앗의 개수는 미리 파악해 둔다. 다음 날 아침 각 방의 씨앗 상태를 보면 어느 방에 있는지, 몇 개를 먹었는지, 어느 방향으로 이동했는지 등을 추측할 수 있다. 위치가 파악되었다면 구출할 때까지 햄스터가 있는 방의 문을 닫아 둔다.

또한 평소에 햄스터 몸집으로는 들어갈 수 없을 것 같은 좁은 곳도 찾아봐야 한다. 의외의 곳에 있을 수 있기 때문이다. 예를 들어 찬장 같은 곳은 간과하기 쉬운데 의외로 뛰어난 후각으로 먹을 것을 찾아다닐 수도 있다.

우선 찾아봐야 할 곳은 장롱 밑, 싱크대 아래, 찬장, 냉장고 아래, 소파 뒤 등 어둡고 좁은 공간이다.

★ 조명을 어둡게 해서 움직임을 파악한다

햄스터의 위치를 파악했다면 햄스터의 활동성이 높아지도록 조명을 어둡게 하고 움직이지 말고 조용히 햄스터가 나오기를 기다린다. 햄스터가 잡을 수 있는 곳까지 다가오면 천천히 일어나 조심스럽게 잡는다. 햄스터를 향해 갑자기 달려가거나 소리를 지르거나 휙 낚아채면 놀라서 다시 도망가거나 물 수 있으므로 천천히 움직인다.

★ 비닐봉지, 컵, 박스 이용하기

햄스터를 손으로 잡기가 무섭거나 아무리 기다려도 햄스터가 가까이 다가오지 않는다면 도구를 이용한다. 탈출한 지 며칠이 되어 배가 고픈

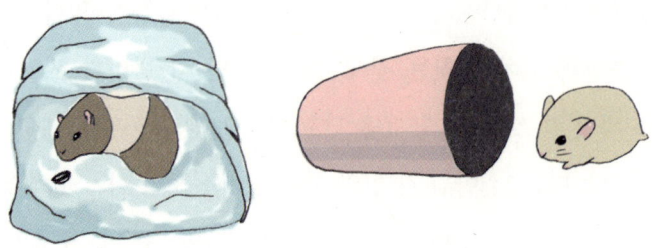

　햄스터를 유인하기 위해 먹을 것을 넣은 비닐봉지를 햄스터가 숨은 곳 근처에 놓는다. 불을 끄고 조용히 기다리다가 비닐봉지 소리가 들리면 봉지를 들어올려서 잡는다.
　햄스터는 보이지만 손만 내밀어도 다른 곳으로 피하고 예민하게 굴 때에는 컵이나 박스를 이용한다. 컵이나 박스를 햄스터 앞에 두고 뒤에서 손으로 진로를 방해해서 햄스터가 컵이나 박스 안으로 들어가도록 유인한다.

★ 음식 계단으로 유인한다

　음식 계단을 이용해서 유인하는 방법도 있다. 음식 계단은 햄스터가 빠져나오지 못할 만한 높이의 통을 세운 뒤 입구에 천을 덮고 천 위에 음식을 놓아서 만든다. 햄스터가 음식이 있는 곳에 오를 수 있도록 책으로 계단을 만들고 조용히 기다리면 햄스터는 음식을 먹기 위해 계단을 올라가서 천을 밟다가 통에 빠진다. 집을 비워야 하는 경우, 밤에 더 이상 기다리지 못하고 잠을 자야 하는 경우에 이용하는 방법이다.

★ 케이지로 유인한다

햄스터는 영역 동물이기 때문에 케이지가 있는 방에 고립시키기만 해도 자기 집으로 다시 돌아오는 경우가 많다. 마음껏 탐험을 끝내고 집으로 돌아오는 것이다. 특히 넓고 다양한 물품이 가득한 케이지에 사는 햄스터들은 탈출 후에 스스로 돌아오는 경우가 많다. 햄스터가 만족할 만한 집을 마련해 주는 것이 얼마나 중요한지를 보여 준다.

Illust 김소영

햄스터의 놀이

핸들링

햄스터는 야생성이 강해서 사람 손이 닿는 것을 좋아하지는 않지만 반려인의 마음은 달라서 핸들링을 원한다. 햄스터와 같은 작은 동물이 경계를 풀고 사람의 손 위에 올라오는 것을 핸들링이라고 하는데, 적절한 훈련을 한다면 가능한 일이다. 특히 생후 4~6주 사이의 어린 햄스터는 사람의 손에 더 쉽게 적응한다. 핸들링은 햄스터의 습성을 이용해 인내심을 가지고 천천히 진행해야 한다. 핸들링 훈련에 이용되는 햄스터의 본성은 음식과 탈출에 대한 본능이다.

1단계 두 손가락으로 간식 주기

햄스터 집에 손을 넣기 전에 이름을 부르면서 좋아하는 간식을 두 손가락으로 집어 준다. 햄스터가 다가와서 가져가지 않으면 거부감 없이 받아들일 때까지 꾸준히 반복한다. 이때 철망 사이로 주면 철망 사이에서 음식이 나온다고 착각할 수 있으므로 꼭 손을 햄스터 집 안으로 넣어

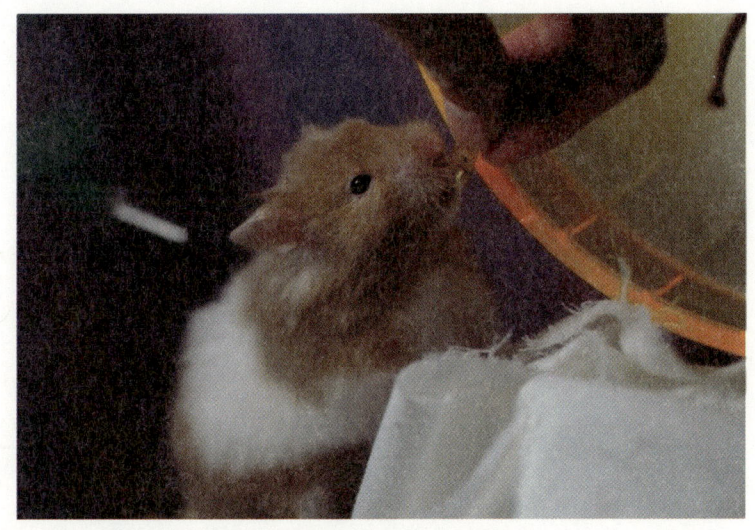

서 준다. 이런 과정을 통해서 사람 손에 대한 거부감을 없앤다. 햄스터가 집에 익숙하다면 '두 손가락으로 간식 주기' 단계는 대부분 하루 만에 성공하지만 며칠이 걸리는 경우도 있다.

두 손가락으로 주는 간식을 아무 망설임 없이 받아가기 시작했다면 이번에는 손가락 전부를 이용해서 집어 준다. 햄스터에게 손가락 두 개가 맛있는 것을 준다고 인식시킨 상태에서 '손가락이 더 있다'는 것을 알려 주는 단계이다. 거부감 없이 받아먹을 때까지 반복하면 되는데 두 손가락으로 주는 것보다 쉽게 익숙해진다.

2단계 손바닥 위에서 간식 먹기

다음은 손바닥을 편 채로 손가락 끝마디에 간식을 올려놓는다. 햄스터가 손 위로 올라와서 간식을 가져가기 시작하면 간식의 위치를 조금씩 손바닥 안쪽으로 옮긴다. 햄스터마다 차이가 있긴 하지만 손바닥 위에

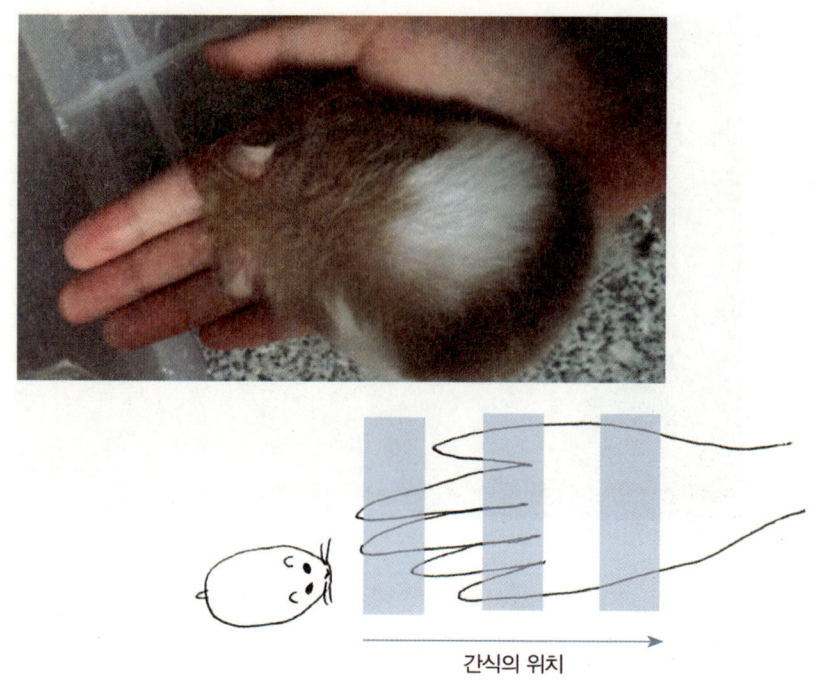

간식의 위치

놓인 간식을 가져가기까지는 대체로 손가락으로 줄 때보다 시간이 더 오래 걸린다. 햄스터가 간식을 가져가지 않고 손바닥 위에 앉아 먹이를 먹고 가끔 주변도 살펴보는 정도가 될 때까지 반복한다. 이 단계는 햄스터에게 손바닥에 대한 거부반응을 없애는 과정으로 핸들링에서 가장 중요한 단계이다. 그러므로 시간이 오래 걸리더라도 훈련을 반복해야 한다.

3단계 손을 타고 밖으로 나갈 수 있다는 것을 알려 주기

앞의 단계를 잘 마쳤다면 햄스터는 사람의 손에 대한 거부감이 많이 줄어든 상태이다. 다음 목표는 음식이 없어도 손에 올라오도록 하는 것이다. 이번에는 햄스터의 탈출 본능을 이용한다.

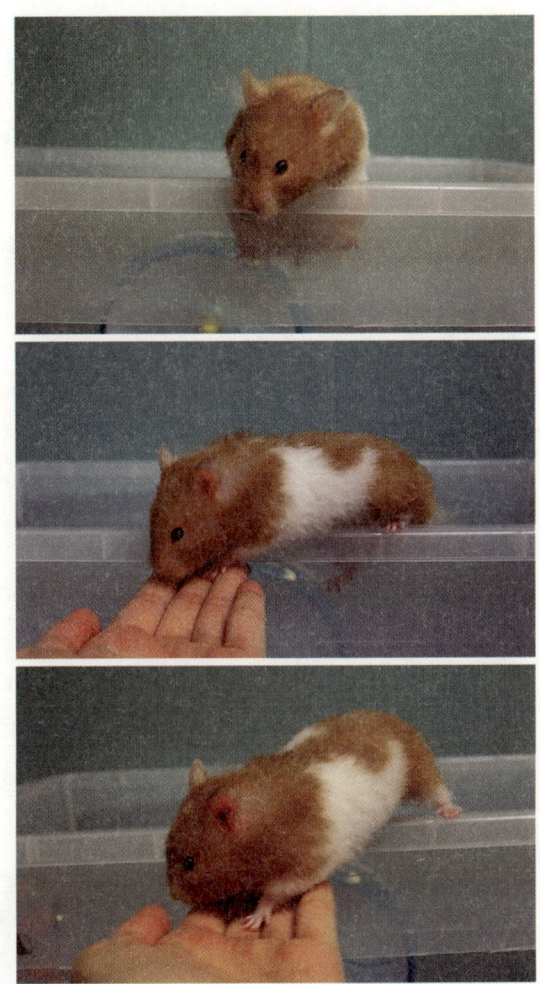

햄스터는 탈출하고, 탈출하고, 또 탈출하는데 햄스터가 탈출을 위해서 애를 쓰고 있을 때 손을 살짝 내밀어 주기만 하면 된다. 갑자기 나타난 사람의 손을 보고 고민을 하다가 다시 돌아가는 햄스터도 있지만 손을 밟고 팔을 타서 탈출을 감행하는 햄스터가 더 많다. 또한 햄스터가 밖으로 나오고 싶어서 집의 모서리에서 뛰고 있을 때 놀라지 않게 손을 집에 천천히 넣어서 팔을 타고 올라오도록 하는 방법도 있다.

햄스터가 손을 타고 움직이는 첫 핸들링의 순간은 잊을 수 없을 만큼 감동적이다. 이런 방법을 통해서 햄스터에게 사람 손을 통해 밖으로 나올 수 있다는 사실을 알려 준다. 그리고 사람의 손을 타고 나오면 좋은 일이 생긴다는 사실을 알리기 위해 집으로 돌려보내기 전에 햄스터가 좋아하는 간식을 먹이는 것이 좋다.

핸들링할 때 이런 행동은 금지

핸들링을 할 때 몇 가지 조심해야 하는 행동이 있다. 핸들링은 잘못하면 햄스터가 다칠 수 있으므로 조심해야 한다.

- 햄스터의 머리나 다리를 잡고 들어올리지 않는다. 햄스터는 연약해서 탈구될 수도 있고, 놀라서 발버둥치다가 떨어져서 다칠 수도 있다.
- 갑자기 들어올리거나 잡지 않는다. 놀란 햄스터가 손을 물 수도 있고, 손 자체에 거부감을 가져 다시는 손에 올라오지 않을 수도 있다.
- 햄스터를 손으로 꽉 쥐지 않는다. 악력 때문에 햄스터의 장기가 파열될 수도 있다.

장난감

챗바퀴, 햄스터 볼은 고전적인 햄스터 장난감이고, 최근에는 다양한 장난감들이 많이 나와서 선택의 폭이 넓어졌다. 햄스터 장난감이란 햄스터가 가지고 놀 수 있는 모든 것으로 집에 있는 두루말이의 휴지심으로 만든 터널부터 챗바퀴, 햄스터 볼과 최근에 나온 시소, 이빨갈이용 장난감까지 모두 포함된다.

햄스터 장난감을 선택할 때 중요한 것은 크기이다. 햄스터가 어른이 되어서도 사용할 수 있을 정도로 충분히 큰지, 햄스터 집의 크기와 비교했을 때 너무 크지 않은지 등을 살펴야 한다. 햄스터 몸집에 맞는 장난감을 선택해야 하고, 집을 꽉 채울 정도로 장난감이 많으면 햄스터가 움직일 공간이 부족해서 스트레스를 받을 수 있으므로 공간을 고려해서 장난감을 채운다. 또한 장난감은 자주 깨끗하게 닦아 주고, 세척이나 청소가 어려운 장난감은 지저분해지면 치운다.

각 장난감의 원리와 역할, 선택 방법에 대해 알아보자.

쳇바퀴

햄스터의 답답한 케이지 생활을 조금이나마 활기차게 만들어 주는 장난감이 바로 쳇바퀴이다. 쳇바퀴를 이용해서 운동도 하고 스트레스도 날릴 수 있어서 햄스터에게는 필수 아이템이다.

쳇바퀴는 케이지 바닥이나 받침대에 고정시키는 달리기 기구이다. 그

지름 17센티미터의 쳇바퀴를 이용 중인 생후 1개월 된 골든 햄스터. 이처럼 1개월 때 크기가 딱 맞으면 오래 쓰지 못한다. 이 쳇바퀴는 몇 주 쓰지 못하고 교체했다.

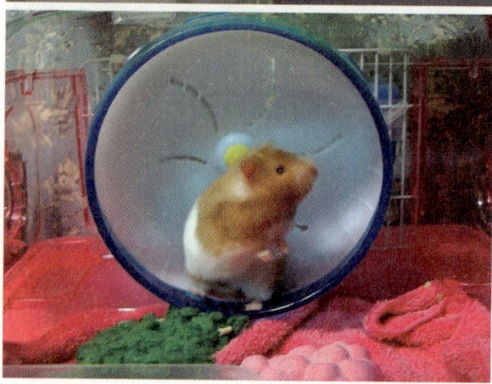

지름 19센티미터를 이용 중인 다 자란 골든 햄스터. 지름이 19센티미터인데도 작아 보인다. 이런 경우 교체해 주는 것이 좋다.

런데 쳇바퀴는 바퀴를 굴리는 장난감이기 때문에 소음이 발생하는 경우가 있다. 베어링이 좋아 소음이 적은 쳇바퀴는 가격 부담이 있으니 처음 구매할 때 햄스터가 다 자랐을 때의 크기를 고려해서 잘 선택해야 한다. 쳇바퀴의 지름은 골든 햄스터 19~21센티미터, 드워프 햄스터 14~17센티미터 정도가 되어야 한다.

쳇바퀴 체크 리스트

1. 발이 빠지는 사다리 타입은 피한다
철제 재질의 사다리 타입의 쳇바퀴는 햄스터가 빠른 속도로 달리다 보면 다리가 빠져서 다치거나 심한 경우 골절이 될 수도 있다. 그러므로 사다리 타입은 피한다. 이미 사다리 타입의 쳇바퀴를 구매했다면 골판지를 잘라 내부에 덧대서 발빠짐을 방지해 주는 것이 좋다.

2. 잠귀가 밝다면 무소음 쳇바퀴
야행성인 햄스터는 주로 밤에 쳇바퀴를 돌리기 때문에 삐그덕거리는 소리에 사람이 잠을 설칠 수 있다. 그러므로 잠귀가 밝은 사람이 침실에 햄스터 집을 뒀다면 가능한 한 무소음 쳇바퀴를 구입하는 것이 좋다. 하지만 무소음 쳇바퀴라고 해도 햄스터가 타기 시작하면 어느 정도 소리는 난다.

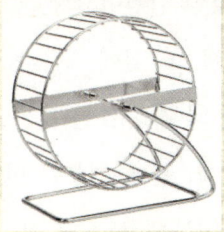  

일반 쳇바퀴   발 빠짐 방지 쳇바퀴   무소음 쳇바퀴

🐹 햄스터 볼

햄스터 볼은 햄스터가 안전하게 산책할 수 있도록 고안된 공 모양의 투명한 장난감이다. 숨구멍이 뚫린 플라스틱 공 안에 햄스터를 넣고 뚜껑을 닫으면 햄스터가 움직이는 방향으로 공도 움직이는 원리이다. 햄스터는 산책 중에 사라질 수도 있는데 햄스터 볼은 그런 위험을 예방한 놀이기구이다.

햄스터 볼을 즐겁게 잘 타는 햄스터도 있고, 스트레스를 받는 햄스터도 있으니 처음 사용할 때는 주의 깊게 살펴보면서 10분 정도만 놀게 한다. 이용 중 오줌을 눈다면 스트레스를 받는다는 증거이므로 사용하지 않는다.

햄스터가 햄스터 볼에 들어가 신나게 달릴 때는 벽, 가구 등에 부딪힐 수 있으므로 진로를 부드럽게 조정해 준다. 숨구멍에 발이 끼어 다칠 수도 있으므로 발을 절지 않는지, 피가 나지 않는지 햄스터 볼 안을 관찰한다. 만일 사고가 났다면 바로 사용을 중지한다. 가구 등에 부딪힐 위험이 적은 공간에서 햄스터 볼에 태운다. 종종 햄스터 집 청소를 하는 동안 햄스터 볼에 태우는 반려인이 있는데 햄스터 볼 사용 중에는 안전을 잘 확인해야

애니메이션 〈볼트〉의 한 장면.

하므로 햄스터 혼자 볼에서 놀게 하는 것은 좋지 않다.

햄스터 볼은 케이지 밖에서 안전하게 산책을 시키고 싶을 때 유용한 놀이기구이다. 하지만 햄스터가 손이 닿지 않는 공간으로 들어가는 것을 막을 수 있다는 장점이 있는 반면 햄스터 볼 자체에 스트레스를 받는 햄스터가 많고 다칠 수 있다는 단점이 있다. 안전을 위해서 햄스터 볼이 정해진 곳으로만 움직이게 만든 레일을 판매하고 있지만 정해진 방향으로만 이동하면 자유롭게 놀 수 있는 햄스터 볼의 가장 큰 장점이 없어진다는 한계가 있다.

그러므로 햄스터를 산책시키고 싶다면 무리하게 햄스터 볼을 사용하지 말고 닫힌 공간에서 안전하게 산책하는 것이 좋다. 단, 햄스터 산책은 핸들링이 완료된 후에 이뤄져야 한다. 핸들링이 되지 않은 채 산책을 했다가 도망가는 경우가 많다.

이빨갈이 장난감

이빨갈이 장난감은 햄스터의 필수품이다. 계속 자라는 앞니를 갈아서 적정 길이로 유지해야 이빨 건강도 유지하고 음식도 먹을 수 있다. 햄스터가 직접 이를 갈 수 있도록 이

나무 재질의 장난감을 이빨갈이용으로 사용할 수 있다.

빨갈이용으로 나온 장난감이 있으니 꼭 준비해 줘야 한다. 나무 조각에 구멍이 뚫린 이빨갈이 장난감은 이를 가는 것은 물론 터널로도 사용할

휴지심을 이빨갈이 장난감으로 사용 중인 로보로브스키.

수 있으므로 일석이조이다. 미네랄스톤은 강도가 부족해서 이빨갈이용으로는 충분하지 않지만 미네랄도 섭취하고 터널 밑에 놓으면 계단 대용으로 사용할 수 있다는 장점이 있다.

🐹 터널

구불구불한 터널은 케이지 안에서 미로 찾기를 할 수 있는 재미있는 장난감이다. 단순한 집이라도 터널 연결을 다르게 하거나 터널 위치를 바꾸는 것만으로도 변화를 줄 수 있다. 터널은 야생에서의 굴의 이동 통로와 비슷해서 햄스터가 다른 장난감보다 좋아한다. 햄스터는 터널을 타고 오르내리며 놀 뿐만 아니라 터널 안에서 잠을 자거나 음식을 숨겨 두

▲ 플라스틱 터널.
▲ 종이 터널.

는 등 여러 가지로 활용한다. 시중에 판매되는 플라스틱 터널, 나무 재질의 터널도 좋고 크기가 작은 드워프 햄스터라면 두루말이의 휴지심을 터널로 이용해도 된다.

놀이터 만들기

마련해 준 기구를 사용하며 신나게 노는 햄스터를 보다 보면 좀 더 넓은 곳에서 놀 수 있게 해 주고 싶다. 하지만 햄스터는 작고 빠르며 사람을 잘 따르지 않기 때문에 개나 고양이처럼 밖으로 데리고 나가 산책하는 것은 매우 위험하다. 잃어버릴 수 있기 때문이다. 그러므로 호기심이 많은 햄스터가 산책도 하고 놀 수 있는 놀이터를 집 안에 마련해 보자.

사람 공간에 만들기

사람 공간에 햄스터 놀이터를 마련하려면 여러 가지를 고려해야 한다.

첫째, 안전성이다. 햄스터 집 밖으로 나온 햄스터는 부주의하게 돌아다니다 가족 중 누군가에게 밟혀 죽을 수도 있고, 높은 곳에서 떨어져 다칠 수도 있다. 또 집에 있는 다른 반려동물로부터 습격을 받을 수도 있다. 따라서 놀이터를 만들 때 가장 먼저 고려해야 할 것은 안전성이다. 높은 가구 위는 피하고 사람과 동물의 출입을 제한할 수 있는 곳이

집 안에서 산책 중에 준비해 둔 먹이를 먹고 있다.

어야 한다.

둘째, 햄스터가 숨을 곳이 없어야 한다. 햄스터는 생각보다 유연해서 좁은 틈새로도 드나들 수 있다. 옷장 틈이나 침대 밑, 냉장고 밑 등 사람의 손이 닿지 않는 곳으로 들어가면 찾기가 곤란하다. 따라서 가구가 많지 않아 숨을 공간이 없고 햄스터의 움직임을 눈으로 확인하고 제재할 수 있는 장소여야 한다.

셋째, 햄스터가 갉을 수 있는 것이 없어야 한다. 전선이나 가구를 갉아서 망가뜨리면 다른 가족에게 피해를 줄 수 있으므로 그런 곳은 피한다.

집의 구조가 집마다 천차만별이므로 잘 따져 본 후 각자의 집에서 가장 좋은 놀이터 공간을 찾아야 한다. 예를 들어 침실과 거실은 가구가 많고 행동 반경이 넓어 놓칠 가능성이 높다. 특히 거실은 개방된 공간이라 사람의 출입을 제한하기가 힘들다. 부엌은 문 없이 개방된 공간인데다 냉장고나 싱크대 밑으로 들어가기가 쉽다. 화장실은 가구가 없어 숨을 곳이 없고, 좁아서 움직임을 가까이에서 볼 수 있으며, 문을 닫을 수 있어서 좋지만 하수구 구멍 등으로 햄스터가 빠질 수 있다.

그러므로 일반적으로 모든 구멍을 대야 등으로 미리 막아 둔 화장실이 햄스터의 놀이 공간으로 가장 좋을 수 있다. 욕조가 있다면 하수구 구멍을 막은 후 욕조를 놀이터로 사용해도 무방하다. 하지만 집에 따라 화장실에 세탁기 등 가구가 있으므로 집의 상황을 잘 파악해서 놀이 공간을 결정해야 한다.

공간을 한정해서 놀이터 만들기

만약 아무리 살펴봐도 집 안에 필요한 조건을 충족시켜 주는 공간이 없다면 햄스터용 펜스, 박스 등을 이용해서 놀이터를 만들어 줘도 된다. 이 방법은 햄스터가 도망치기 쉬우므로 주의 깊게 잘 살펴봐야 한다.

아크릴 재질의 놀이터용 펜스.

놀이터 꾸미기

놀이터에는 평소 이용하던 쳇바퀴, 은신처 등을 포함해서 햄스터 집에 넣어 주고 싶었지만 공간이 좁아서 넣지 못했던 다양한 놀이기구를 설치하면 된다. 두루말이의 휴지심을 이용한 터널이나 종이 박스로 만든 미로 등 직접 만든 장난감도 햄스터는 좋아한다. 놀이터 중간중간에 간식을 숨겨 놓으면 먹이 모으는 재미도 느낄 수 있다.

놀이터 이용 방법

놀이터가 완성되었다면 자유롭게 놀 수 있게 해 준다. 모든 햄스터는 놀이터에서 놀게 하면 좋다. 다만, 빠르고 작은 로보로브스키는 잃어버릴 위험이 있으므로 놀이터 이용을 금지한다. 여러 마리를 기를 경우에는 한 마리씩 놀이터를 이용하게 해서 임신, 싸움 등의 불상사를 방지한다.

햄스터가 활동하기 시작하는 저녁 무렵 햄스터가 놀라지 않게 천천히 두 손으로 핸들링하면서 준비해 둔 놀이터로 이동시킨다. 핸들링에 아직 익숙하지 않다면 작은 용기 안에 좋아하는 음식을 넣어서 햄스터가 스스로 들어가게 한 후 조심스럽게 옮긴다. 놀이터 이용은 매일 하루 1회, 30분 정도로 하되, 햄스터가 놀이터에 있는 동안 잘 살펴서 움직이지 않는다거나 구석에 앉아 있는 등 지친 기색이 보이면 바로 케이지로 옮긴다.

햄스터에 관한 설문 조사

설문 조사는 2010년 디시인사이드 동물, 기타 갤러리, 햄스터 STORY 카페, 지역 동물 카페 등을 통해 온라인으로 이뤄졌다. 97명의 햄스터 반려인이 참여했다.

1. 어느 곳에서 햄스터를 분양받았나?

햄스터는 대형 마트, 펫숍 등을 통한 입양이 40퍼센트, 가정 입양이 35퍼센트였다. 20퍼센트를 차지한 지인을 통한 입양도 가정 분양의 일부이므로 업체를 통한 입양보다 가정 입양이 더 많았다. 버려진 햄스터를 주워 왔다고 답한 응답자는 5퍼센트였다.

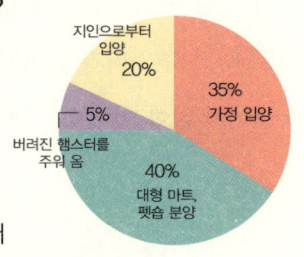

2. 햄스터를 몇 마리 기르나?

햄스터를 한 마리 기른다고 답한 사람이 전체의 41퍼센트로 가장 높았다. 두 마리는 24퍼센트, 세 마리는 15퍼센트, 네 마리 이상이 20퍼센트였다. 설문 결과 햄스터를 한 마리 이상 기르는 확률이 59퍼센트로 아직도 햄스터는 한 마리만 키워야 한다는 교육이 부족함이 드러났다.

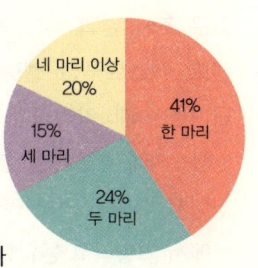

성별을 묻는 질문에는 암컷이 25퍼센트, 수컷이 27퍼센트로 성별에 대한 선호도는 보이지 않았다. 나머지는 성별을 모르거나 암수 모두 키웠다.

3. 기르는 햄스터의 종류는?

정글리안이라고 불리는 윈터 화이트 햄스터를 기르는 사람이 52퍼센트로 가장 많았고, 골든 햄스터가 40퍼센트, 로보로브스키 햄스터가 5퍼센트, 캠벨 햄스터가 2퍼센트를 차지했다. 세계적으로 캠벨 햄스터, 골든 햄스터를 가장 많이 기르고 있는 것과는 다른 양상을 보인다.

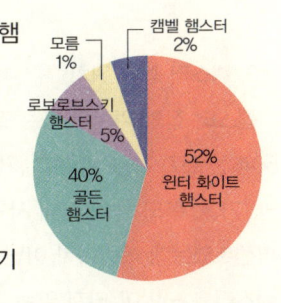

세부 조사에서는 단모 골든 햄스터가 29.1퍼센트, 윈터 화이트 햄스터 중 펄이 21.3퍼센트, 윈터 화이트 햄스터 중 노멀이 18.9퍼센트, 장모 골든 햄스터가 11.0퍼센트 순서였다. 이어서 푸딩, 사파이어, 로보로브스키 노멀, 로보로브스키 화이트, 캠벨 순이었다.

4. 어떤 음식을 먹이나?

햄스터의 건강을 위해서 음식은 아주 중요하다. 우리나라의 햄스터 반려인들은 햄스터에게 어떤 것을 먹일까? 설문 조사 결과 혼합 곡물 사료가 71퍼센트, 익스트루전·펠릿이 20퍼센트, 알곡·씨앗·해바라기씨가 9퍼센트였다.

익스트루전·펠릿 20%
알곡·씨앗·해바라기씨 9%
혼합 곡물 사료 71%

햄스터에게 필요한 영양 성분을 잘 알고 있어서 이를 고려해 먹이고 있느냐는 세부 질문에서 그렇다고 응답한 응답자는 20퍼센트가 채 되지 않았다. 균형 잡힌 영양에 대한 공부가 많이 부족한 것으로 드러났다.

5. 어떤 햄스터 집을 사용하나?

응답자 중 60퍼센트가 리빙 박스, 채집통 등 플라스틱형 케이지에서 햄스터를 기르고 있다. 철장형 케이지는 35퍼센트로 두 번째로 높았으며, 유리 수조는 5퍼센트로 가장 낮았다.

6. 햄스터 집의 위치

햄스터 집의 위치를 묻는 질문에서 집을 방 안에 두는 경우가 전체의 60퍼센트로 가장 많았고, 거실이 23퍼센트, 베란다가 14퍼센트였다. 방, 거실, 복도 등의 실내 사육이 85퍼센트, 베란다 등 실외 사육이 15퍼센트였는데 베란다가 아닌 완전 실외도 1퍼센트의 응답률을 보였다. 햄스터를 난방이 되지 않는 지하실, 베란다, 실외 등에서 기를 경우 직사광선, 낮은 온도, 바람, 눈, 비, 다른 동물 등 외부 환경에 바로 노출되어 익사, 겨울잠, 열사병, 잡아먹힘 등으로 인한 죽음의 위험이 있으므로 꼭 실내에서 길러야 한다.

Illust 김소영

8장 햄스터의 병

증상별 원인과 대처법

햄스터는 작은 동물이라서 반려인이 아픈 것을 바로 알아차리기가 어렵다. 그래서 위험한 상황이 될 때까지 방치하기 십상이다. 식사량, 음수량, 체중, 걸음걸이, 숨소리 등이 달라졌거나 자는 시간이 부쩍 늘었거나, 이상한 소리를 내는 등 평소와 다른 행동을 보인다면 주의 깊게 살펴야 한다. 뭔가 몸에 문제가 생겼다는 신호일 수 있다. 특히 어리거나 나이가 많은 햄스터는 면역 기능이 저하되어 가벼운 질병도 크게 앓을 수 있으니 꼭 병원에 가야 한다.

햄스터는 어떤 병을 앓는지, 증상별 원인이 무엇인지에 대해 알아보자.

🐹 은신처에만 머무르고 움직임이 줄고 먹지 않는다

움직임이 줄고 먹지 않는 것은 어떤 동물이든 상태가 좋지 않을 때 나타나는 일반적인 증상이다. 따라서 이런 증상만으로는 어떤 질병인지 알 수 없다. 뼈가 부러졌을 수도 있고, 열사병에 걸렸을 수도 있다. 하지만

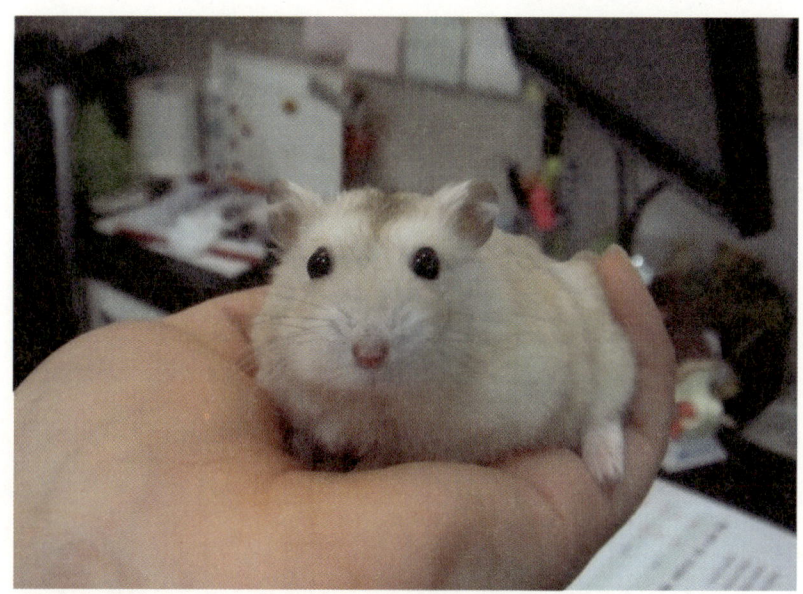
병원에 간 햄스터.

방치할 경우 심각해질 수 있으므로 유심히 잘 살펴봐야 한다. 일단 환경에 문제가 있는지 살피고 변화를 준다. 햄스터 집에 직사광선이 비쳐서 덥다면 시원한 그늘로 옮기고, 춥다면 따뜻하게 해 준다. 스트레스를 주는 일은 피한다. 그래도 나아지지 않는다면 병원에 가야 한다.

설사를 한다, 사지가 젖어 있다, 꼬리가 젖어 있다

장과 관련된 질환에 속하는 증상으로 설사는 탈수를 일으킬 수 있으므로 2~3일 내에 낫지 않으면 매우 위험하다. 먼저 햄스터가 먹는 음식이 상하지 않았는지 살펴본다. 음식을 교체하고, 밥그릇을 깨끗이 닦고, 급수기 청소를 한다. 상추, 과일 등 수분이 많은 먹이는 주지 말고 신선한 물로 바꿔 준다.

🐹 배가 단단하다, 밥을 먹지 않는다

장에 가스가 찬 햄스터(엑스레이 촬영).

설사와 마찬가지로 장 관련 질환 때 나타나는 증상이다. 배가 단단하다면 가스가 찼거나 변비일 가능성이 있다. 항문 주위를 부드럽게 문질러 배변을 유도한다. 오메가 오일, 간유, 야채 등 수분과 지방이 많은 음식을 먹이고 강제로라도 산책을 시켜서 몸을 움직이도록 한다. 하지만 복부가 많이 부어오르고 단단하다면 즉시 병원을 찾는다.

🐹 콧물을 흘린다, 훌쩍거리며 숨소리가 이상하다, 기침을 한다

호흡기 질환의 대표적인 증상으로 감기, 폐렴, 베딩의 미세먼지로 인한 알레르기일 가능성이 높다. 이럴 때는 원인을 찾아서 제거해야 한다. 감기로 인한 증상이라면 히터 등을 이용해서 실내 온도를 높여 따뜻하게 해 주고 비타민을 주면서 푹 쉬게 하면 증상이 나아진다. 하지만 잠을 잘 수 없을 정도로 기침이 심하면 진료를 받아야 한다. 베딩 알레르기라면 사용하는 베딩을 미세먼지가 적은 나무 성분의 베딩으로 바꾼다.

🐹 숨을 잘 쉬지 못한다, 입 안과 귀가 검푸르다

호흡기나 심장에 문제가 있을 때 나타나는 증상이다. 볼주머니에 스스로 뺄 수 없는 것들이 뭉쳐 있어서 호흡을 방해하고 있을 수 있다. 응급 상황이므로 즉시 진료를 받아야 한다.

🐹 침을 많이 흘린다, 이빨이 이상하게 났다

치아, 구강 질병의 증상이다. 부정교합 때문일 수도 있고, 이빨갈이용 사료나 장난감이 없어서 치아가 과도하게 자란 것이 원인일 수도 있다. 이빨갈이가 안 되어서 생긴 문제라면 병원에 가서 이빨을 적절한 길이로 잘라 줘야 한다. 침을 과하게 흘린다면 구강 내 염증이나 종양일 수 있으므로 진료를 받는다.

🐹 볼주머니가 뒤집혀 밖으로 나왔다

햄스터의 볼주머니가 뒤집히는 일이 잦은데, 정확한 이유는 밝혀지지 않았다. 볼주머니가 뒤집혔을 때는 반려인이 집에서 임의로 안으로 넣어도 재발할 위험이 높다. 또한 뒤집힌 채 오래 있으면 조직이 썩는 괴사가 진행되어서 패혈증 등 합병증으로 죽을 수 있으므로 빨리 병원을 찾아서 수술을 해야 한다.

🐹 털이 빠진다, 주름이 졌다

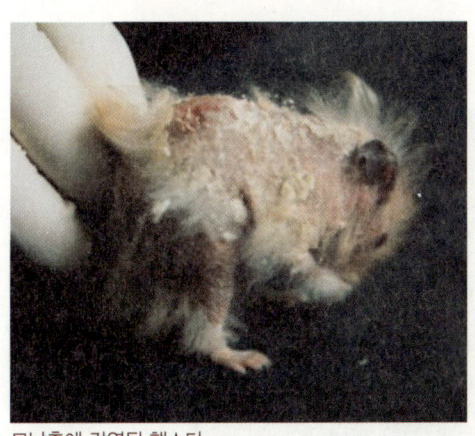

모낭충에 감염된 햄스터.

일반적인 피부 질환의 증상이다. 세균이나 곰팡이 감염일 수도 있고 모낭충 등 외부기생충 감염일 수도 있다. 나이가 들었다면 노화로 인한 변화일 수 있다. 여러 가능성을 열어두고 상황에 따라 판단해야 하므로 병원에 방문하여 적절한 검사와 상담을 받는다.

🐹 피부에 상처가 생겨 피가 난다

감염, 상처로 인한 교상, 종양, 노화의 과정일 수 있다. 감염증은 꾸준한 약물 치료가 필요하고, 물린 상처일 경우는 봉합해 줘야 한다. 종양은 햄스터에게 흔한 질병으로 피부 증상과 함께 덩어리가 확인된다. 하지만 방치할 경우 커지면서 정상적인 생활을 하기 힘들어지므로 수술을 권장한다. 종양이 다른 장기로 전이되지 않고 제거된다면 수술 후 생존 가능성은 높다.

🐹 항문, 생식기에 빨간 것이 튀어나왔다

햄스터에게 탈장은 흔한 질병이다. 탈장은 장이 항문 밖으로 튀어나오는 것으로 초기에는 배에 힘을 주면 더 나오고 힘을 빼면 들어가기도 한다. 하지만 방치했을 경우 튀어나온 장이 괴사될 수 있으므로 그때 수술한다면 수술 후 생존 가능성은 높지 않다. 그러므로 최대한 탈장 초기에 수술을 해야 한다.

햄스터에게 흔한 질병

🐹 일반적인 질병

★ 감기

감기에 걸린 햄스터는 활동성이 떨어져서 은신처에만 머무르려고 한다. 콧물이 나와 코 주변이 더럽고, 기침을 하며, 칙칙 소리가 나는 재채기를 한다. 사람과 마찬가지로 감기는 스트레스, 추위, 면역 저하로 인한

바닥에 핫팩을 깔아서 따뜻함을 유지한다.

감기 바이러스 감염이 원인이며 근본적인 치료 방법은 없다. 집에서 햄스터용 비타민을 먹이고, 햄스터 집을 따뜻하게 유지하면서 조용한 곳에 둬서 충분히 잘 수 있도록 한다. 이렇게 잘 관리하면 2차 감염이 없으면 스스로 이겨 낸다.

감기에 걸린 햄스터는 어떤 스트레스도 주면 안 되므로 핸들링을 중

지한다. 기침이 멎지 않으면 가습기를 하루에 30분 이상 틀어 준다. 햄스터가 너무 어리거나 나이가 많은 경우, 아무리 간병을 해도 차도가 없는 경우, 기침이 심해서 잠을 잘 수 없는 경우라면 병원을 찾아서 치료를 받아야 한다.

주요 증상 기침, 콧물, 재채기

★ 알레르기성 질병

햄스터에게 흔한 질병 중 하나가 알레르기이다. 갑자기 발작적인 기침이나 재채기를 하고, 콧물을 흘리며, 눈이 충혈되거나 온몸을 긁으면 알레르기를 의심한다. 보통 아토피 체질이거나 베딩의 미세먼지 등 알레르기 유발 물질을 흡입했을 때 나타난다. 이런 경우 알레르기를 유발하는 원인을 제거하면 나아진다. 만약 최근에 베딩, 사료 등을 바꿨다면 새로운 것을 모두 버리고 예전에 쓰던 것으로 바꾼 후 증상이 나아지는지 확인한다. 가려움증이 심하거나 기침이 심해 숨을 쉴 수 없을 정도라면 병원에서 약을 처방받아야 한다.

주요 증상 가려움증, 눈 주변 발적, 재채기, 콧물, 눈곱

★ 변비

운동 부족, 섬유질이나 수분이 부족한 경우, 나이가 든 경우에 변비는 매우 흔한 증상이다. 똥이 단단하고 수분이 적다면 변비를 의심할 수 있다. 해바라기씨, 밀웜 등 지방이 많은 음식을 전보다 많이 주고, 올리브오일 1~2방울을 먹이면 효과를 볼 수 있다. 하지만 변비가 계속될 경우 대변으로 가득 찬 대장이 다른 장기를 압박해서 손상을 주거나 변에서

생긴 독소가 간을 망가뜨릴 수 있으니 지체하지 말고 병원을 찾아야 한다. 만일 복부가 거대하게 팽창하며 만졌을 때 단단한 느낌이 들고 핸들링을 싫어하면 위험한 단계이다.

주요 증상 배가 빵빵하다, 변을 잘 누지 못한다, 식욕저하, 기력저하

★ 설사

형태가 없는 똥을 눈다면 설사이다. 설사의 원인은 과식, 운동 부족, 대장염 등 다양하다. 건강한 햄스터가 한두 번 설사를 한다면 그리 걱정할 일은 아니다. 지방이 많은 해바라기씨, 밀웜 등의 공급을 줄이고 익스트루전만 소량 먹이면 금세 호전된다. 하지만 설사가 멎지 않고 지속되면 병원에서 진료를 받아야 한다. 특히 어리거나 나이 든 햄스터의 경우는 설사를 하면 바로 병원에 가야 한다.

주요 증상 엉덩이가 젖음, 물기 많은 변, 식욕저하, 기력저하

★ 종양

두 살이 넘은 노령의 햄스터 중 50퍼센트 정도가 종양이 생긴다. 햄스터가 종양학 실험동물로 이용되었다는 사실만 봐도 햄스터에게 종양이 얼마나 흔하게 생기는지 알 수 있다. 종양은 몸의 특정 부분에 단단한 혹이 생기는 것이다. 혹은 외부에 생길 수도 있고 내부에 생길 수도 있는데, 부신 등의 내분비계통, 피부, 소화계통 순으로 많이 생긴다. 종양을 제거하려면 수술을 해야 하지만 대부분 노령성 질병으로 생긴 것이라 수술이 쉽지 않다. 햄스터가 수술을 잘 버텨낼 수 있을지, 수술 후에 삶의 질이 나아질 수 있는지를 담당 수의사와 상의해 결정한다.

주요 증상 　못 보던 덩어리가 만져짐

🐹 사고로 인한 질병

★ 열사병

열사병은 직사광선에 직접적으로 오랜 시간 노출되었거나 뜨거운 열에 노출되었을 때 생긴다. 차 안 등 환기가 되지 않는 곳에서 장시간 햇빛을 받아서 온몸이 축축하게 젖고 축 늘어질 경우 열사병을 의심할 수 있다. 이런 상황에는 즉시 시원한 곳으로 옮겨서 햄스터의 몸을 시원한 물로 적시고 부채질을 해 준다. 호전되는 모습이 보이지 않으면 바로 병원에 가야 한다.

주요 증상 　힘이 없다, 몸이 뜨겁다, 몸이 젖어 있음

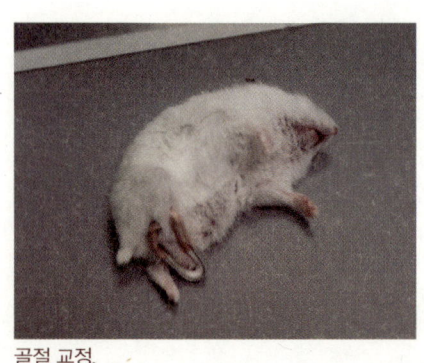

골절 교정.

★ 낙상

핸들링을 하다가 떨어지거나 햄스터 집이 통째로 떨어지는 등의 낙상 사고가 발생하면 햄스터가 의식을 잃을 수 있다. 낙상은 손상 부위에 따라 여러 가지 증상이 나타나는데, 온몸을 움직이지 못할 수도 있고 다리 하나만 못 쓸 수도 있다. 척추를 다쳤다면 다리가 뻣뻣하게 경직되거나 마비 증세를 보인다. 다리가 부러졌다면 만졌을 때 아파하고 다친 다리를 끌고 다닌다. 높은 곳에서 떨어진 햄스터는 척추손상이나 두뇌손상의 가능성이 있으므로 두 손으로 떠받치듯 잡

아서 작은 박스에 담는다. 작은 움직임도 큰 손상을 일으킬 수 있으니 박스가 흔들리지 않도록 조심스럽게 들고 바로 병원으로 향한다.

주요 증상   한 쪽 다리를 끈다, 두 다리를 못 쓴다, 온몸을 떤다, 마비 증상을 보임

★ 교상

햄스터끼리의 싸움으로 피부의 겉만 살짝 다쳤을 경우에는 간단한 소독으로도 나을 수 있다. 소독약은 동물병원에서 처방받는다. 하지만 햄스터끼리 심하게 싸웠거나 개, 고양이 등 큰 동물에게 물렸을 때는 꼭 병

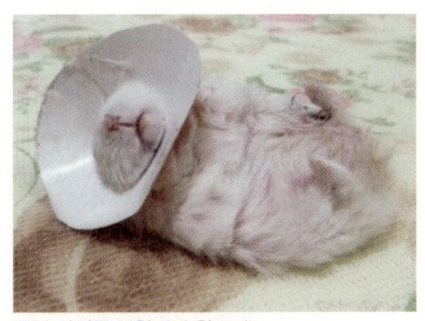

물린 상처를 봉합 수술한 모습.

원에서 검사 및 처치를 받아야 한다. 겉으로는 외상이 없거나 약간의 출혈만 보여도 내부 장기가 다쳤을 수 있기 때문이다.

주요 증상   피가 난다, 딱지가 졌다, 눈을 못 뜸

★ 겨울잠

겨울철에 햄스터 집의 온도가 10도 이하로 내려가면 햄스터는 겨울잠에 들어간다. 보통은 따뜻하게 해 주면 서서히 깨어나지만 따뜻하게 해도 깨어

저체온성 쇼크에 빠진 모습.

나지 않을 경우에는 병원에 가도 살릴 수 없으므로 집의 온도를 적정 온도로 유지하는 것이 중요하다.

주요 증상 몸이 뻣뻣해지고 사지를 쭉 편다, 만지면 차갑다, 숨은 쉬는데 죽은 것 같음

감염성 질환

감염성 질병이란 몸에 세균, 바이러스, 곰팡이 등의 미생물이 침입하여 일으키는 질병이다.

★ 티저병

세균 감염으로 발생하는 티저병은 치명적이다. 꼬리와 엉덩이 털 부분이 젖어 있고, 식욕이 저하되며, 탈수, 설사, 항문 출혈 등이 나타나면 티저병을 의심해야 한다. 하지만 아무런 증상이 없다가 갑자기 사망하는 경우도 있다. 티저병의 원인은 스트레스, 급격한 사료 변화, 위생적이지 못한 환경 등이다. 주요 원인인 스트레스가 없으면 발병할 확률이 극히 낮으므로 건강, 환경, 음식 등을 평소에 세심하게 챙겨야 한다. 일단 발병하면 매우 치명적이므로 티저병이 의심된다면 즉시 진료를 받아야 한다.

주요 증상 꼬리와 엉덩이 털 부분이 젖음, 식욕 저하, 탈수, 설사, 항문 출혈, 무증상

★ 증식성 회장염

모든 연령의 햄스터에게 발생할 수 있는 설사병이다. 다른 말로 웨트 테일wet tail, 즉 '꼬리가 젖어 있는 병'이라는 뜻이다. 물에 닿지도 않았는

데 햄스터의 꼬리와 엉덩이 부분이 지속적으로 젖어 있다면 증식성 회장염을 의심해야 한다. 세균 감염에 의한 질병으로 식욕저하, 탈수, 설사, 항문 출혈 등의 증상이 나타나며 계속되는 설사로 장중첩, 장폐색, 직장이 밖으로 빠져나오는 직장탈 등이 생겨날 수 있어 위험하다. 설사에 대한 대증 치료, 항생제 치료 등 적극적인 치료가 필요하므로 반드시 병원을 찾아야 한다.

주요 증상 식욕저하, 탈수, 설사, 항문 출혈

★ 세균총 과다증식

몸에는 여러 종류의 세균이 균형을 이루며 살아가고 있다. 균형이 적절할 때는 병을 일으키지 않지만 면역력이 약화되거나 과도한 항생제 처치 등으로 정상세균총이 죽고 항생제내성균이 과다증식하면 질병을 일으킬 수 있다. 이럴 경우 증식한 세균의 종류에 따라 폐렴, 자궁축농증, 피부농 등 여러 질병을 유발한다. 항생제 처치부터 수술까지 질병에 따라 치료 방법도 다르다.

주요 증상 광범위하여 알 수 없음

★ 림프구 맥락수막염

반려동물로 기르는 햄스터에게는 매우 드문 바이러스성 질병이지만 사람에게 전염될 수 있는 몇 안 되는 인수공통질병 중 하나이다. 감염된 햄스터는 별다른 증상은 보이지 않고 오줌으로 계속 바이러스를 배출하면서 다른 햄스터와 사람에게 바이러스를 옮긴다. 사람은 감기 증상과 유사한 증상을 보이며 국내 발생 보고는 없다. 진단은 병원에서 내릴 수 없고 전문 검사 기관을 통해야 한다.

주요 증상 별다른 증상을 보이지 않음

★백선증

백선증은 곰팡이 감염증이다. 곰팡이가 발생해 원형으로 탈모가 생기다가 몸 전체로 번져 나가는 질병으로 개, 고양이에게도 흔히 발생한다. 사람이 옮기는 것은 드물지만 면역력이 저하된 사람은 감염될 수 있다. 햄스터가 원형으로 털이 빠진다면 진료를 받아야 한다.

주요 증상 가려움증, 각질, 원형탈모, 탈모

★내부기생충감염증

햄스터도 다른 동물과 마찬가지로 요충, 촌충, 편충 등 내부기생충에 감염되고, 햄스터에게 가장 흔한 기생충은 편충이다. 주로 자신의 똥, 오줌 혹은 오염된 밥, 다른 동물의 똥, 오줌을 통해 감염된다. 기생충에 감염된 햄스터의 똥을 먹은 다른 햄스터에게도 감염되고, 햄스터 집 청소 후 손을 씻지 않고 음식을 먹으면 사람도 감염될 수 있다.

기생충 감염 예방은 구충제를 먹이는 것도 중요하지만 무엇보다 햄스터 집의 청결을 유지하는 것이 가장 중요하다. 햄스터 집을 항상 청결하게 관리하고, 똥은 수시로 치워 준다.

햄스터가 내부기생충에 감염되면 대부분 체중이 준다. 미약하게 감염되었을 때에도 체중이 줄어들 수 있지만 증상이 나타나거나 항문으로 배출되기 전까지는 감염 사실을 알기 어렵다. 햄스터가 기생충에 감염되었는지 확인하려면 병원에서 변 검사를 받아야 한다. 기생충이 있는지 확인한 후 몸무게에 맞게 구충제를 처방받아 급여한다.

주요 증상 체중 저하, 설사, 구토 등이지만 기생충마다 증상이 많이 다름

구충제 사용법

기생충 구제제인 구충제는 햄스터의 몸무게에 맞춰 먹여야 한다. 약도 많이 먹으면 독이 된다. 구충제의 종류도 다양하고 종류마다 용량도 다르므로, 구충제의 종류와 용량을 모른다면 집에 구충제가 있더라도 임의로 사용해서는 안 된다. 임의로 사용할 시 용량 초과로 약물독성으로 죽거나 용량 부족으로 약효가 없을 수 있다. 햄스터의 몸무게에 맞춰 동물병원에서 정확한 용량의 구충제를 처방받아서 먹여야 한다.

★ 외부기생충감염증

벼룩 등 외부기생충에 감염되었을 경우에는 피부병이 생길 수 있다. 가장 흔한 외부기생충은 모낭에 사는 모낭충으로, 감염되면 목, 등, 허벅지를 따라 탈모와 비듬이 생기고 부스럼 딱지가 생긴다. 모낭충은 원래 정상적으로 서식하는 기생충이지만 면역력이 저하되었거나 다른 질병을 지니고 있어서 병이 드러난 것일 수 있으므로 주의 깊게 살펴야 한다. 확진하려면 피가 날 정도로 피부를 긁어서 현미경으로 확인하는 피부 찰과 검사를 해야 한다. 모낭충증이 단독으로 발병했을 경우에는 치료가 가능하지만 다른 질병과 함께 나타났을 경

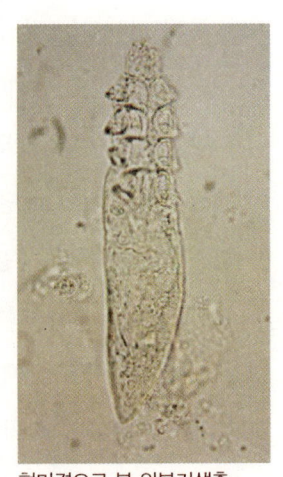
현미경으로 본 외부기생충.

우에는 원래 질병이 치료되지 않는 한 재발하거나 치료가 되지 않을 수 있다.

외부기생충으로는 모낭충 외에도 이, 벼룩, 개선충 등이 있다. 계속 몸을 긁거나, 피부가 건조하고 각질이 일어나며 털이 빠지고 피부가 빨갛게 부어오르면 외부기생충감염증을 의심할 수 있다. 이럴 경우 병원을 찾아서 어떤 질병인지 확실한 진단을 받은 다음 적절한 외부기생충 구제제를 처방받는다.

기생충 완전 박멸을 위해서는 환경도 세심하게 조성해야 한다. 펫숍에서 원래 포장을 뜯어서 소량씩 다시 포장해서 판매하는 베딩을 구입해서 사용한다면 이미 외부기생충에 오염되었을 수 있다. 밀봉된 베딩은 개봉했기 때문에 매장에 외부기생충에 감염된 개체가 있다면 '개달감염'이 일어날 수 있기 때문이다. 개달감염은 직접 감염이 아니라 물건이나 사람을 통해 전해지는 감염으로 외부기생충에 감염된 개체를 만진 손으로 베딩을 개봉하여 나눴다면 '기생충 → 사람의 손 → 베딩 → 햄스터' 순서로 감염이 일어날 수 있다. 그러므로 기생충 치료를 한 뒤에도 기생충이 계속 재발한다면 베딩을 바꿔 본다. 기생충은 전염력이 높아 함께 사는 햄스터뿐 아니라 사람도 옮을 수 있으므로 햄스터가 사용한 장난감 등 모든 물품을 삶아서 소독한다. 그리고 만약 여러 마리를 함께 기르고 있다면 치료가 종료될 때까지 격리하고 각종 물품을 따로 사용하며 산책도 동일한 공간에서 시키지 않는다.

주요 증상 탈모, 가려움증, 피부가 빨개진다, 각질이 생김

햄스터 전문 동물병원

햄스터는 작고 겁이 많은 동물이므로 햄스터를 다루는 데 익숙한 수의사의 세심한 진료가 필요하다. 그런데 아쉽게도 우리나라에는 햄스터만 전문으로 다루는 병원이 없다. 그나마 몇 년 전까지만 해도 햄스터는 물론 페럿, 고슴도치, 새 등의 진료가 가능한 병원도 거의 없었는데, 최근에 많은 동물병원이 특수 동물 진료를 시작하고 있다. 그래서 예전보다는 찾을 수 있는 햄스터 병원이 많아졌다.

병원에 가려고 한다면 먼저 전화를 해서 진료를 받을 수 있는지 확인해야 한다. 무작정 "햄스터도 봐 주나요?"라고 묻기보다는 햄스터의 증상을 설명하고 진료가 가능한지를 묻는 것이 좋다. 가벼운 설사나 변비, 피부병, 기생충 예방, 소독은 대부분의 병원에서 가능하기 때문에 가까운 일반 동물병원에서도 긍정적인 답변을 들을 수 있다. 봉합이나 부러진 다리 치료는 마취를 해야 하기 때문에 작은 동물의 마취나 진정이 불가능한 병원이 있으므로 그런 경우에는 다른 병원으로 가도록 조언할 것이다.

햄스터가 아파 보이면 인터넷으로 정보를 찾아보는 경우가 많다. 병원에 가기 전에 찾아보는 것이야 상관없지만 인터넷을 통해 얻은 정보만으로 햄스터를 치료하는 것은 매우 위험하다. 수의사도 예전의 상태와 현재의 상태를 비교하고, 질문하고, 만지고, 소리를 듣고, 때로는 냄새를 맡아야 정확한 진단이 가능하다. 그렇게 해서 내린 진단도 100퍼센트 맞다고 할 수는 없다.

그런데 반려인들의 경험에서 나온 증상에 따른 일반적인 치료법을 햄스터에게 적용하는 것은 매우 위험하다. 대부분 수의학적 바탕 없이 쓰이고 무분별하게 퍼지다가 조금씩 수정되어 종국에는 출처조차 알 수 없는 경우가 많기 때문이다.

기침을 한다면 가벼운 감기일 수도 있고, 폐렴일 수도 있으며, 심장 질환일 수도 있고, 알레르기일 수도 있다. 따라서 인터넷에서 떠도는 치료법이 지금 아픈 햄스터에게 통할 가능성은 희박하며, 통했다 하더라도 부작용의 위험을 내재하고 있음을 잊어서는 안 된다.

이런 병원이면 Ok!

① 햄스터를 꼼꼼하게 살펴보고 증상을 자세히 물어 본다.

모든 질병은 질병마다 증상이 정확하게 정해져 있지 않고 대개 여러 원인이 복합적으로 작용하여 나타난다. 그러므로 평소의 햄스터 상태와 지금의 상태, 달라진 점 등을 꼼꼼하게 물어보고 몸을 구석구석 살펴보는 수의사라면 믿을 수 있다.

② 특수 동물에 관한 서적이나 자료, 유사한 진료 사례를 보여 준다.

햄스터에게 나타날 수 있는 질병과 지금 상태를 관련 자료와 함께 자세히 설명해 준다.

③ 질문에 상세히 대답해 준다.

햄스터에게 약을 먹이거나, 바르는 것은 쉽지 않다. 햄스터에 대해 궁금한 점, 약을 먹이거나 바르는 방법 등을 물었을 때 상세히 답해 주는 곳이 좋다.

Illust 김소영

9장

햄스터의 노화와 이별

노화의 시기별 증상

평균 수명이 2년으로 사람과 삶의 길이가 다른 햄스터는 삶의 속도도 다르다. 햄스터는 생후 12개월이면 중년, 15개월이 지나면 서서히 노화가 시작된다고 할 수 있다. 노화는 급속히 진행되는 것이 아니기 때문에 여러 방면에서 조금씩 관찰된다. 먼저 털이 빠지기 시작하고 잠을 더 많이 자기 시작하며 적게 먹고 잘 움직이지 않는다.

노화가 시작되면 햄스터 집, 은신처, 밥그릇, 물그릇, 장난감 등의 위치를 가급적이면 손대지 않는 것이 좋다. 익숙한 공간에 머물러야 스트레스를 받지 않기 때문이다. 또한 핸들링의 횟수를 줄이는 등 세심한 보살핌이 필요하다. 햄스터의 노화가 시기별로 어떻게 진행되는지, 어떻게 돌봐야 하는지, 어떻게 떠나보내야 하는지 알아보자.

15개월

움직임의 속도가 조금씩 느려지면서 행동에서 노화를 느낄 수 있다.

은신처에서 잠을 자는 시간이 많아지고, 먹이를 덜 먹고 활동량도 줄어든다. 뒷다리, 엉덩이, 배부터 털이 빠지기 시작하고 피부가 전체적으로 건조해지는데 이는 피지 분비가 줄어들면서 나타나는 현상으로 피부의 변화는 암컷보다 수컷에게서 뚜렷하게 드러난다. 어떤 수컷은 건조해지다 못해 각질과 부스럼, 딱지가 생겨 피부가 두꺼워지기도 한다. 대구 등의 물고기의 간에서 얻은 신선한 기름인 간유, 오메가 지방산을 음식에 조금 떨어뜨려 주면 피부와 모질 개선에 도움이 된다.

18개월

종양, 치아 질병, 백내장 등 노령성 질병이 발생한다. 노화로 생기는 질병은 근본적인 원인을 치료하는 것이 거의 불가능하다. 만일 노령성 질병이 발병된 18개월 이상의 햄스터를 기르고 있다면 예전의 건강한 모습으로 되돌릴 수 없다는 것을 받아들이고 곧 떠날 수 있다는 마음의 준비를 해야 한다.

두 살

두 살이 되면 나이 든 모습이 확연이 드러난다. 빠지지 않고 남아 있는 털은 부스스해지고 얇아진다. 자다가 깨서도 바로 움직이지 않고 눈을 뜨고 쉬다가 조금씩 움직인다. 이빨갈이를 소홀히 하고, 쳇바퀴도 잘 타지 않는다. 베딩 파기도 귀찮아하며 평소에 좋아하던 음식에 입도 대지 않은 채 밥그릇에 그대로 남겨 두는 일이 잦아진다.

나이 든 햄스터 돌보기

나이가 든 햄스터는 적게 먹고 천천히 움직이며 잠을 더 많이 잔다. 사람 나이로 두 살도 안 된 햄스터가 나이 들어가는 것을 지켜본다는 것은 쉬운 일이 아니지만, 햄스터가 남은 삶을 편안하게 보낼 수 있도록 도와주는 것은 반려인의 의무이다. 나이 든 햄스터를 돌보는 것은 어린 햄스터를 돌보는 것보다 신경 쓸 점이 많지만 몇 가지만 지키면 햄스터에게 풍족하고 편안한 삶을 제공할 수 있다.

🐹 햄스터 집 청소는 3일마다

일주일에 한 번 했던 케이지 청소는 3일에 한 번으로 늘린다. 나이가 들수록 신장 기능이 나빠져 오줌 냄새가 강해지기 때문에 청소를 자주 해 줘야 한다.

🐹 이빨 관리

어린 햄스터는 이빨갈이 장난감만 잘 챙기면 되지만 나이가 들면 이빨 관리에 신경을 많이 써야 한다. 이빨이 부러지거나 갉기를 소홀히 해서 너무 길어져 굽을 가능성이 있기 때문이다. 항상 이빨 상태를 체크하다가 너무 길면 잘라 주고, 부러졌으면 다치지 않도록 끝을 다듬어 줘야 하는데, 집에서는 다듬기 어려우므로 관리해 줄 수 있는 동물병원으로 간다. 집에서 하다가는 사람, 햄스터 모두 다쳐서 위험해질 수 있다.

🐹 먹을거리와 식기

나이가 들면 이빨이 약해져서 익스트루전과 펠릿, 견과류 등의 딱딱한 사료는 먹기 힘들다. 나이가 들어 익스트루전을 남기기 시작하면 부드러운 음식으로 바꿔 줘야 한다. 펠릿 사료를 물에 불려 주거나 무염 치즈, 당근, 오이, 호박 등 부드러운 음식을 원래 주던 음식과 함께 준다. 햄스터가 바뀐 음식에 아예 입을 대지 않을 경우 빨리 다른 음식을 찾아 줘야 한다.

밥그릇과 급수기의 위치도 다시 체크한다. 그동안 당연히 하던 행동이 나이 들면서 힘들어질 수 있기 때문이다. 햄스터가 밥을 먹는 데 불편해 하지 않는지, 급수기가 너무 높거나 낮지 않은지, 멀어서 물 마시러 가기 힘들지 않은지 확인한다. 불편함이 보이면 밥그릇과 급수기의 위치를 조정해서 편안하게 먹고 마실 수 있도록 한다.

🐹 장난감

나이가 들면 기초대사량이 떨어지고 심장 기능도 예전 같지 않아서 힘들이지 않고 하던 운동도 무리가 될 수 있다. 쳇바퀴를 굴리거나 사다리를 오르내리는 등의 격렬한 움직임은 심리적·육체적으로 흥분 상태를 유발하여 몸살을 앓을 수도 있고 심하면 호흡곤란으로 인한 쇼크가 일어날 수도 있다. 만일 햄스터가 예전과 달리 쳇바퀴를 굴리지 않고 바퀴 위에서 쉬고만 있다거나 사다리를 오르지 않고 1층에서만 지낸다면 즐겨 타던 장난감이라도 집에서 빼낸다. 터널로 연결된 집에서 살던 햄스터라도 터널을 빼서 쉴 공간을 확장시켜 주는 것이 좋다.

🐹 핸들링은 조심스럽게

나이가 들면 사람의 손길을 귀찮아할 수 있다. 그러니 나이 든 햄스터는 가능한 한 만지지 않아야 한다. 뼈와 관절이 약해서 떨어뜨리면 크게 다칠 수 있다.

🐹 병원과 친해지기

평소와 달라 보이거나 아파 보인다면 바로 병원으로 간다. 나이 든 햄스터는 가벼운 증상이라 하더라도 급격히 나빠지므로 병원 가는 것을 미뤄서는 안 된다.

이별하기

사람이든 햄스터든 이별의 순간은 반드시 다가온다. 살아 있는 생명체에게 죽음이란 언젠가 올 삶의 과정이다. 하지만 햄스터와 함께하는 시간은 안타깝게도 2년뿐이라 그 삶이 짧게만 느껴진다. 고맙게도 사람에게 마음을 열어 준 작은 친구를 떠나보내는 일은 쉽지 않다. 이별의 원인이 노화든, 병이든, 사고든 반려동물과의 이별은 늘 힘들다.

죽음 받아들이기

햄스터가 자신의 첫 반려동물이었다면 더욱 힘들고 어렵다. 죽음을 통한 이별을 처음으로 마주한 것이기 때문이다. 반려동물의 죽음을 받아들이고 슬픔을 극복하기 위해서는 마음가짐이 중요하다.

가족과 같았던 반려동물의 부재로 인한 슬픔은 자연스러운 감정이다. 그러므로 슬픔을 억누르거나 신속하게 일상으로 돌아가려는 시도는 좋지 않다. 노화와 죽음, 이별 등을 자연스럽게 받아들이고 이별로 인한 슬품도 받아들인다.

햄스터가 수명을 다하고 떠났다면 우선 충분한 시간을 갖고 햄스터에게 작별 인사를 한다. 진심을 담은 이별의 말을 전한 뒤 평소에 좋아하던 장난감, 이불 등과 함께 상자에 담는다.

🐹 묻을까? 화장할까?

죽음을 맞은 햄스터를 어떻게 해야 할지 몰라서 우왕좌왕하는 사람들이 있다. 영혼이 육체를 떠난 햄스터를 어떻게 하면 잘 보낼 수 있을까?

작은 친구이자 가족이었던 햄스터에게 무덤을 만들어 주고 싶지만 안타깝게도 법적으로 매장은 위법이다. 폐기물관리법 제2조에 따라 동물 사체는 생활 폐기물로 분류되기 때문이다. 법에 따르면 햄스터 등 모든 반려동물의 사체는 쓰레기봉투에 넣어서 버려야 한다. 하지만 그럴 수는 없다.

많은 사람들이 아파트 화단이나 반려동물이 살았을 때 좋아하던 장소에 묻는다. 물론 수질 및 수생태계 보전에 관한 법률에 따르면 불법이지만 현실적으로 많은 반려인들이 택하는 방법이다.

화장을 할 수도 있다. 화장은 동물병원을 통한 공동 화장과 장례업체를 통한 개별 화장이 있다. 동물병원을 통한 공동 화장은 비용이 저렴하지만 유골을 받을 수 없고, 장례업체를 통한 개별 화장은 비용이 많이 들지만 유골을 받을 수 있다.

🐹 행복하게 기억하기

햄스터와 행복하게 살았다면 행복하게 기억할 수 있어야 한다. 그런데 이별 후 너무 긴 슬픔에 빠져 있으면 행복한 기억마저 사라질 수 있다.

그러니 애도 기간을 충분히 보낸 후 햄스터를 행복하게 기억할 수 있도록 노력한다.

우선 슬픔의 감정을 무시하는 것이 가장 나쁘다. 나와 같은 슬픔을 지닌 가족이나 슬픔을 이해하는 지인과 햄스터에 관한 이야기를 나누면서 함께 눈물을 흘리고 함께 슬퍼하는 시간을 충분히 갖는다. 이 시기에는 눈물이 난다면 억지로 참지 말고 실컷 울어야 한다. 이렇게 슬픔의 시기가 자연스럽게 지나가야 행복하게 기억하기도 가능해진다.

햄스터와 잘 이별하는 구체적인 방법도 있다. 햄스터를 떠나보낼 때 그 품에 편지를 써서 넣는다. 편지는 조용히 2년여의 시간을 되돌아보며 쓴다. 햄스터와의 첫 만남부터 해바라기씨를 먹던 귀여운 모습도 떠올리고, 미안한 것이 있다면 그 말도 전하고, 다시 만나자는 말도 전한다.

이 외에 햄스터를 추억하며 그림을 그리거나, 그동안 찍었던 사진을 보면서 울고 웃는 것도 좋다. 햄스터의 이름을 딴 식물을 기르는 것도 좋다. 이런 시간을 지내다 보면 폭발적인 슬픔은 조금씩 잦아들 것이다.

부모라면 햄스터를 잃은 아이의 슬픔이 완전히 가시기 전에 다른 햄스터를 입양해 주는 행동은 절대 해서는 안 된다. 제대로 된 생명의식이 형성되기 전의 아이들에게 이러한 부모의 행동은 생명을 대체 가능한 것이라고 생각하게 만들 수 있다.

사랑하고 체온을 나눈 존재를 잃는다는 것은 견디기 힘든 일이다. 하지만 마지막 이별의 순간까지 최선을 다해 돌봐 주고 사랑했다면 우리를 떠나기 전의 햄스터도 이렇게 말했을 것이다.

"나도 당신을 만나 행복했어요."

○ 찾아보기

ㄱ

가정집 분양 42
간식 96
감기 212, 215
감염성 질환 220
개달감염 224
건강 식단 87
건새우 83
건초 97
겨울나기 154
겨울잠 154, 219
고양이 화장실 모래 136
고체온증 157
곡물 영양바 98
골든 햄스터 12, 21, 37
곰팡이 222
공격성 164
과일 80
교상 219
구충제 223
굴 14
권장 영양량 78
귀 34
귀뚜라미 83
그루밍 171
근친교배 63

급수기 55, 113, 132
급여량 89
기생충 93
기침 212, 216

ㄴ

나무 톱밥형 베딩 124
나이 52, 67
낙상 218
내부기생충감염증 222
노령성 질병 231
노화 230
놀이터 200
눈 31, 50

ㄷ

다리 32
대형 마트 43
동물성 단백질 81
동물학대 48, 68, 72
드롭스 98
드워프 햄스터 24, 38

ㄹ

로보로브스키 햄스터 13, 26
리빙 박스 111

림프구 맥락수막염 221

ㅁ

말린 야채와 과일 96
먹을거리 233
먹이 창고 15
모낭충 223
목욕 138
목욕용 모래 138
몸무게 52
몸통 32
물 공급 158
물그릇 55
미네랄스톤 98
밀웜 81

ㅂ

발 32
발정기 176, 179
발톱 관리 151
밥그릇 54, 131
백선증 222
베딩 55, 123
변비 212, 216
병원 가기 141
볼주머니 15, 33, 213

분비샘 34
BCS 측정법 105

ㅅ

사고 218
사료 55, 79
사료 성분표 87
산책 161, 196
생애주기 67
서식지 14
설사 211, 217, 221
성별 구분 36
세균총 과다증식 221
소변 가리기 훈련 135
솜 베딩 155
수면 사이클 146
수면 시간 148
수명 17, 67
수조형 케이지 117
시력 31, 51
식분증 35
신체충실지수 105
실내 온도 155
실외 사육 206
실험동물 17, 19, 25

ㅇ

아크릴 확장형 케이지 116
알레르기 216
암컷이 평생 낳는 새끼의 수 60
야채 80
야행성 34
양모 베딩 163
여름나기 156
여행 143
열사병 218
오줌 색깔 137
외부기생충감염증 223
외출 161
우드 펠릿형 베딩 126
윈터 화이트 햄스터 13, 24
유기동물 보호소 44
유기 햄스터 44
유전 질환 63
육아 165
은신처 54, 128
음식 계단 184
이동장 54, 140
이름 57
이별하기 235
이빨 33, 233
이빨갈이 213
이빨갈이용 나무 54

이빨갈이 장난감 197
이사하기 142
익스트루전 84, 91
인수공통질병 221
임신 15, 163
입양 56
입양 가격 46

ㅈ

자연식 93
잠 71, 146
장난감 193, 233
장모종 149
저체온 쇼크 156
정글리안 13
종양 214, 217
중성화수술 165
증식성 회장염 220
집의 위치 119
집 청소 121

ㅊ

차이니즈 햄스터 13, 29
철장형 케이지 114
체중 17
쳇바퀴 54, 194
출산 15, 164

침 213

ㅋ
카니발리즘 16
캠벨 햄스터 13, 28
케이지 53, 110
코 34, 50

ㅌ
탈수 156
탈장 214
탈출 181
터널 198
털 49, 52
털 손질 149
털 알레르기 127
특수 동물 진료 225
티저병 220

ㅍ
파양 73
펄프형 베딩 125
펫숍 43

피부 52
피부 질환 213
피위 30
필수 영양 성분 78
필요 공간 62

ㅎ
항문 50
항상성 157
핸들링 21, 70, 188, 234
햄스터 볼 196
햄스터 전문 동물병원 225
햄스터 집 53, 110
햄스터 집의 위치 119
햄스터 집 청소 121
호흡 50
호흡기 질환 212
혼합 사료 79, 89, 92
화장 236
화장실 134
환기 159
활동성 50, 52
휴지심 198, 199

○ 참고문헌

Blankenship-Paris, T. L., B. J. Walton, and Y. O. Hayes(1995). "Clostridium difficile infection in hamsters fed an atherogenic diet." *Vet Pathol. 32(3)*: 269-273.

Chanwaire, J.(1999). "Guidelines for Assessing the Health and Condition of Mice." *Lab Animal.* 28(4):28-32.

E. Naylor, O. M. Buxton, B. M. Bergmann, A. Easton, P. C. Zee, and F. W. Turek(1998). "Effects of aging on sleep in the golden hamster." *SLEEP, 21(7)*: 687-693.

Katy Taylor(2008). "Estimates of worldwide laboratory animal use in 2005". *ATLA 36*: 327-342.

Sheppard, B. J., Stockdale Walden, H. D., and Kondo, H.(2013). "Syrian hamsters(*Mesocricetus auratus*) with simultaneous intestinal *Giardia* sp., *Spironucleus* sp., and trichomonad infections." *J Vet Diagn Invest.* Nov; *25(6)*: 785-790.

Zafer KARAER, Arif KURTDEDE.(2009). "Demodicosis in a Golden (Syrian) hamster(*Mesocricetus auratus*)". *Ankara Üniv Vet Fak Derg*, 56: 227-229.

임동주(1999), 《애완동물대백과》. 마야.

오오이시-마사미지(1998). 《호르몬의 구조》. 일본실업출판사.

霍野普吉(2008). 《かわいいハムスター の飼い方》. 成美堂出版.

Anna Meredith 외 1인(2010). *BSAVA manual of Exotic pets*. Wiley-Blackwell.

Emma Keeble 외 1인(2009). *BSAVA Manual of Rodents and Ferrets*. John Wiley & Sons Inc.

Sharon Vanderlip(2009). *Dwarf Hamsters*. BARRON's.

Mark A. Mitchel 외 3인(2008). *Manual of Exotic Pet Practice*. Saunders.

Subcommittee on Laboratory Animal Nutrition 외 2개 기관(1995). *Nutrient Requirements of Laboratory Animals. Fourth Revised Edition*.

Barbara Somerville 외 1인(2002). *Training your PET HAMSTER*. Barron's.

Sue Fox(2006). *Hamsters. ANIMALPLANET*.

Patricia Bartlett(2003). *The hamster handbook*. BARRON's.

Institute for Laboratory Animal Research(ILAR) Journal

http://ilarjournal.oxfordjournals.org/

엠브레인 트렌드모니터 반려동물 관련 조사

http://www.sialis.org/raisingmealworms.htm

http://www.britishhamsterassociation.org.uk

http://www.aavs.org

사진 저작권

p. 13 캠벨 햄스터 ⓒBreannarae/Dreamstime.com, 윈터 화이트 햄스터 ⓒ빈구름/blog.naver.com/barkdal, 차이니즈 햄스터 ⓒAllocricetulus/Dreamstime.com, 유럽 햄스터 ⓒAllocricetulus/Dreamstime.com, p. 18 광고 comicallyvintage.tumblr.com/post/10493341599, p. 20 프레리도그 ⓒ도리순이//blog.naver.com/phw2794, 친칠라 ⓒ도리순이/blog.naver.com/phw2794, p. 22 다양한 모색의 골든 햄스터, 커피색 뒷모습, 아이보리색 ⓒ도리순이/blog.naver.com/phw2794, p. 28 캠벨 햄스터 ⓒBreannarae/Dreamstime.com, p. 30 햄스터 피위 dailymail.co.uk, p. 32 햄스터의 발 ⓒ즐쿠/www.shizucu_.blog.me, p. 33 볼주머니 ⓒ즐쿠/www.shizucu_.blog.me, p. 39 드워프 햄스터 ⓒ미세스/ blog.naver.com/kiss_8574, 배를 보이고 있는 드워프 햄스터 ⓒ즐쿠/www.shizucu_.blog.me, p. 42 가정 분양 ⓒ자반고등어, p. 43 펫숍의 햄스터 ⓒ즐쿠/www.shizucu_.blog.me, p. 51 햄스터 두 마리 ⓒLilly/Dreamstime.com, p. 64 햄스터와 고양이 ⓒTom Gowanlock, p. 69 어린이와 햄스터 ⓒKmreport/Dreamstime.com, p. 73 서 있는 햄스터 ⓒ애기봉봉/blog.naver.com/kimoito, p. 81 밀월 에스웜/Sworm.kr, p. 86 햄스터 ⓒAdrin Shamsudin/Dreamstime.com, p. 94 캠벨 햄스터 ⓒHxdbzxy/Dreamstime.com, p. 96 간식 먹는 햄스터 ⓒElzbieta Monika Szatkowska, p. 97 말린 야채, 과일, 쿠키 피터펫/ peterpet.co.kr, p. 98 미네랄스톤, 드롭스, 곡물 영양바 비타크래프트/vitakraft.com, p. 103 야채 먹는 햄스터 ⓒ즐쿠/www.shizucu_.blog.me, p. 106 간식 먹는 햄스터 gall.dcinside.com/board/lists/?id=animal, p. 107 야외의 햄스터 ⓒ미세스/blog.naver.com/kiss_8574, p. 111 개조한 리빙 박스 ⓒ애기봉봉/blog.naver.com/kimoito, p. 116 리빙 박스 확장 ⓒ애기봉봉/blog.naver.com/kimoito, p. 130 코코넛 껍질 은신처 ⓒaquarist-classifieds.co.uk, 반찬통 은신처 ⓒ즐쿠/www.shizucu_.blog.me, 바닥이 뚫린 은신처 ⓒ미세스/blog.naver.com/kiss_8574, p. 132 물 먹는 햄스터 ⓒ즐쿠/ www.shizucu_.blog.me, p. 140 이동장 펫홈, p. 141 채집통 Rosewood Pets, 이동장 ⓒpetplanet.co.uk, 병원 가는 햄스터 ⓒ즐쿠/www.shizucu_.blog.me, p. 147 숙면 중인 햄스터 ⓒ즐쿠/ www.shizucu_.blog.me, p. 155 햄스터 파우치 Rosewood pets, p. 157 더운 골든 햄스터(아래) ⓒ애기봉봉/blog.naver.com/kimoito, p. 162 햄스터의 짝짓기 ⓒAlptraum/ Dreamstime.com, p. 166 새끼 햄스터 ⓒ빈구름 /blog.naver.com/barkdal, p. 175 햄스터의 하품 ⓒ즐쿠/www.shizucu_.blog.me, p. 180 모호모의 엉덩이 ⓒ즐쿠/www.shizucu_.blog.me, p. 185 ⓒAlexkalashnikov/Dreamstime.com, p. 191 핸들링하는 아롱이 ⓒ빈구름/blog.naver.com/barkdal, p. 195 일반 쳇바퀴 Living World, 발 빠짐 방지 쳇바퀴 슈퍼펫, 무소음 쳇바퀴 산코, p. 196 햄스터 볼을 이용하는 햄스터 OPUS #6/mainfo.blogspot.kr, 애니메이션 〈볼트〉의 햄스터 ⓒDisney, p. 202 놀이터용 펜스 ⓒ도리순이/www.dorisuni.kr, p. 204 손 위의 햄스터 ⓒ즐쿠/ www.shizucu_.blog.me, p. 207 야외의 햄스터 ⓒ미세스/blog.naver.com/kiss_8574, p. 211 병원에 간 햄스터 ⓒ미세스/blog.naver.com/kiss_8574, p. 212 엑스레이 사진 ⓒ미세스/blog.naver.com/kiss_8574, p. 213 모낭충에 감염된 골든 햄스터, Demodicosis in a Gplolden(Syrian) hamster(*Mesocricetus auratus*), Zafer KARAER, p. 219 상처 봉합 수술 후의 햄스터 ⓒ즐쿠/www.shizucu_.blog.me, p. 227 베이지 햄스터 ⓒStockdreams/ Dreamstime.com.

독자 편집자

케트

프랑스에서 한국 어린이 동화책과 만화를 프랑스어로 번역한다. 어려서부터 동물을 몹시 좋아해 개, 고양이, 물고기(미꾸라지 포함), 새, 거북이, 토끼, 기니피그, 햄스터와 함께 자랐다. 햄스터를 처음 접한 것은 초등학교 때로, 책임감과 생명의 귀중함을 가르쳐 주고자 담임 선생님께서 햄스터를 공동으로 키우게 하셨다.

그 후 15년이 지나 햄스터 밀카와 진짜 가족이 되었다. 전혀 의도하지 않았던 만남, 얼떨결에 이루어져서 더욱 소중한 만남이었다. 밀카는 햄스터가 짧은 수명과 자그마한 체구에 비관하지 않고 주어진 시간을 씩씩하고 명랑하게 살다가 가는 매력쟁이이며 한 번 마음을 준 사람에게는 자신의 모든 것을 맡기는 의리파라는 사실을 내게 알려 줬다.

강제능

2011년 올 화이트 골든 햄스터 우유와 인연을 맺은 것을 계기로 햄스터의 매력에 푹 빠져 살고 있다. 처음에는 시끄러웠던 쳇바퀴 소리가 이젠 자장가로 들려 오히려 들리지 않으면 잠이 안 온다. 현재 골든 햄스터 푸우와 까미, 그 둘의 딸인 우미와 함께 복닥복닥 생활 중이다.

책공장더불어의 책

어쩌다 햄스터
사랑스러운 햄스터와 초보 집사가 펼치는 좌충우돌 동물 만화. 햄스터를 건강하게 오래 키울 수 있는 특급 노하우가 가득하다.

실험 쥐 구름과 별
동물실험 후 안락사 직전의 실험 쥐 20마리가 구조되었다. 일반인에게 입양된 후 평범하고 행복한 시간을 보낸 그들의 삶을 기록했다.

다정한 사신
세계적인 일러스트레이터 제니 진야의 그래픽노블. 고통받았던 동물들을 새로운 삶의 공간으로 안내하는 위로의 만화다.

동물에 대한 예의가 필요해
일러스트레이터가 냅킨에 쓱쓱 그린 동물들의 삶. 반려동물, 유기동물, 길고양이, 전시동물, 농장동물 등을 대하는 인간의 태도에 대한 그림 에세이.

동물과 이야기하는 여자
SBS 〈TV 동물농장〉에 출연해 화제가 되었던 애니멀 커뮤니케이터 리디아 히비가 20년간 동물들과 나눈 감동의 이야기. 병으로 고통받는 개, 안락사를 원하는 고양이 등과 대화를 통해 문제를 해결한다.

우주식당에서 만나 (한국어린이교육문화연구원 으뜸책)
2010년 볼로냐 어린이도서전에서 올해의 일러스트레이터로 선정되었던 신현아 작가가 반려동물과 함께 사는 이야기를 네 편의 작품으로 묶었다.

황금털 늑대 (학교도서관저널 추천도서)
공장에 가두고 황금빛 털을 빼앗는 인간의 탐욕에 맞서 늑대들이 마침내 해방을 향해 달려간다. 생명을 숫자가 아니라 이름으로 부르라는 소중함을 알려주는 그림책.

펫로스 반려동물의 죽음 (아마존닷컴 올해의 책)
동물 호스피스 활동가 리타 레이놀즈가 들려주는 반려동물의 죽음과 무지개 다리 너머의 이야기. 펫로스(pet loss)란 반려동물을 잃은 반려인의 깊은 슬픔을 말한다.

동물을 만나고 좋은 사람이 되었다
(한국출판문화산업진흥원의 출판콘텐츠 창작 자금 지원 선정)
개, 고양이와 살게 되면서 반려인은 동물의 눈으로, 약자의 눈으로 세상을 보는 법을 배운다. 동물을 통해서 알게 된 세상 덕분에 조금 불편해졌지만 더 좋은 사람이 되어 가는 개·고양이에 포섭된 인간의 성장기.

동물을 위해 책을 읽습니다
(국립중앙도서관 사서 추천 도서, 한국출판문화산업진흥원 중소출판사 우수콘텐츠 제작지원 사업 선정)
우리는 동물이 인간을 위해 사용되기 위해서만 존재하는 것처럼 살고 있다. 우리는 우리가 사랑하고, 입고, 먹고, 즐기는 동물과 어떤 관계를 맺어야 할까? 100여 편의 책 속에서 길을 찾는다.

사향고양이의 눈물을 마시다 (한국출판문화산업진흥원 우수출판콘텐츠 제작 지원 선정, 환경부 선정 우수환경도서, 학교도서관저널 추천도서, 국립중앙도서관 사서가 추천하는 휴가철에 읽기 좋은 책, 환경정의 올해의 환경책)
내가 마신 커피 때문에 인도네시아 사향고양이가 고통 받는다고? 나의 선택이 세계 동물에게 어떤 영향을 미치는지, 동물을 죽이는 것이 아니라 살리는 선택이 무엇인지 알아본다.

후쿠시마에 남겨진 동물들 (미래창조과학부 선정 우수과학도서, 환경부 선정 우수환경도서, 환경정의 청소년 환경책 권장도서, 꿈꾸는 도서관 청소년 추천도서)
2011년 3월 11일, 대지진에 이은 원전 폭발로 사람들이 떠난 일본 후쿠시마. 다큐멘터리 사진작가가 담은 '죽음의 땅'에 남겨진 동물들의 슬픈 기록.

후쿠시마의 고양이 (한국어린이교육문화연구원 으뜸책)
2011년 동일본 대지진 이후 5년. 사람이 사라진 후쿠시마에서 살처분 명령이 내려진 동물들을 죽이지 않고 돌보고 있는 사람과 두 고양이가 사는 모습을 담은 평화롭지만 슬픈 사진집.

고양이 그림일기 (한국출판문화산업진흥원 이달의 읽을 만한 책, 학교도서관저널 추천도서)
장군이와 흰둥이, 두 고양이와 그림 그리는 한 인간의 일 년 치 그림일기. 종이 다른 개체가 서로의 삶의 방법을 존중하며 사는 잔잔하고 소소한 이야기.

고양이 임보일기
《고양이 그림일기》의 이새벽 작가가 새끼 고양이 다섯 마리를 구조해서 입양 보내기까지의 시끌벅적한 임보 이야기를 그림으로 그려냈다.

고양이는 언제나 고양이였다
고양이를 사랑하는 나라 터키의, 고양이를 사랑하는 글 작가와 그림 작가가, 고양이에게 보내는 러브레터. 고양이를 통해서 세상을 보는 사람들을 위한 아름다운 고양이 그림책이다.

나비가 없는 세상 (어린이도서연구회에서 뽑은 어린이·청소년 책, 한국출판문화산업진흥원 청소년 북토큰 도서)
고양이 만화가 김은희 작가가 그려내는 한국 최고의 고양이 만화. 신디, 페르캉, 추새. 개성 강한 세 마리 고양이와 만화가의 달콤쌉싸래한 동거 이야기.

고양이 천국
(어린이도서연구회에서 뽑은 어린이·청소년 책)
고양이와 이별한 이들을 위한 그림책. 실컷 놀고 먹고 자고 싶은 곳에서 잘 수 있는 곳. 그러다가 함께 살던 가족이 그리울 때면 잠시 다녀가는 고양이 천국의 모습을 그려냈다.

강아지 천국
반려견과 이별한 이들을 위한 그림책. 들판을 뛰놀다가 맛있는 것을 먹고 잠들 수 있는 곳에서 행복하게 지내다가 천국의 문 앞에서 사람 가족이 오기를 기다리는 무지개 다리 너머 반려견의 이야기.

깃털, 떠난 고양이에게 쓰는 편지
프랑스 작가 끌로드 앙스가리가 먼저 떠난 고양이에게 보내는 편지. 한 마리 고양이의 삶과 죽음, 상실과 부재의 고통, 동물의 영혼에 대해서 써내려간다.

개 질병의 모든 것
40년간 4번의 개정판을 낸 개 질병 책의 바이블. 개가 건강할 때, 이상 증상을 보일 때, 아플 때 등 모든 순간 곁에 두고 봐야 할 책이다.

우리 아이가 아파요! 개·고양이 필수 건강 백과
새로운 예방접종 스케줄부터 우리나라 사정에 맞는 나이대별 흔한 질병의 증상·예방·치료·관리법, 나이 든 개, 고양이 돌보기까지 반려동물을 건강하게 키울 수 있는 필수 건강백서.

개·고양이 자연주의 육아백과
세계적 홀리스틱 수의사 피케른의 개와 고양이를 위한 자연주의 육아백과. 40만 부 이상 팔린 베스트셀러로 반려인, 수의사의 필독서. 최상의 식단, 올바른 생활습관, 암, 신장염, 피부병 등 각종 병에 대한 세세한 대처법도 자세히 수록되어 있다.

개, 고양이 사료의 진실
미국에서 스테디셀러를 기록하고 있는 책으로 반려동물 사료에 대한 알려지지 않은 진실을 폭로한다. 2007년도 멜라민 사료 파동 취재까지 포함된 최신판이다.

개 피부병의 모든 것
홀리스틱 수의사인 저자는 상업사료의 열악한 영양과 과도한 약물사용을 피부병 증가의 원인으로 꼽는다. 제대로 된 피부병 예방법과 치료법을 제시한다.

암 전문 수의사는 어떻게 암을 이겼나
수많은 개 고양이를 암에서 구하고 스스로 암에서 생존한 수의사의 이야기. 인내심이 있는 개와 까칠한 고양이가 암을 이기는 방법, 암 환자가 되어 얻게 된 교훈을 들려준다.

개.똥.승. (세종도서 문학나눔 도서)
어린이집의 교사이면서 백구 세 마리와 사는 스님이 지구에서 다른 생명체와 더불어 좋은 삶을 사는 방법, 모든 생명이 똑같이 소중하다는 진리를 유쾌하게 들려준다.

노견은 영원히 산다
풀리처상을 수상한 글 작가와 사진 작가의 사진 에세이. 저마다 생애 최고의 마지막 나날을 보내는 노견들에게 보내는 찬사.

장애견 모리 (한국출판문화산업진흥원 중소출판사 우수콘텐츠 제작지원 선정, 학교도서관저널 이달의 책)
21살의 수의대생이 다리 셋인 장애견을 입양한 후 약자에 배려없는 세상을 마주한다.

수술 실습견 쿵쿵따
수술 경험이 필요한 수의사들을 위해 수술대에 올랐던 쿵쿵따. 8년을 병원에서, 10년을 행복한 반려견으로 산 이야기.

개가 행복해지는 긍정교육
개의 심리와 행동학을 바탕으로 한 긍정 교육법으로 50만 부 이상 판매된 반려인의 필독서이다. 짖기, 물기, 대소변 가리기, 분리불안 등의 문제를 평화롭게 해결한다.

인간과 개, 고양이의 관계심리학
함께 살면 개, 고양이는 닮을까? 동물학대는 인간학대로 이어질까? 248가지 심리실험을 통해 알아보는 인간과 동물이 서로에게 미치는 영향에 관한 심리 해설서.

순종 개, 품종 고양이가 좋아요?
사람들은 예쁘고 귀여운 외모의 품종 개, 고양이를 좋아하지만 많은 품종 동물이 질병에 시달리다가 일찍 죽는다. 동물복지 수의사가 반려동물과 함께 건강하게 사는 법을 알려준다.

개에게 인간은 친구일까?
인간에 의해 버려지고 착취당하고 고통받는 우리가 몰랐던 개 이야기. 다양한 방법으로 개를 구조하고 보살피는 사람들의 이야기가 그려진다.

사람을 돕는 개
(한국어린이교육문화연구원 으뜸책, 학교도서관저널 추천도서)
안내견, 청각장애인 도우미견, 인명구조견, 흰개미탐지견, 검역견 등 우리가 몰랐 던 사람을 돕는 개 이야기.

치료견 치로리 (어린이문화진흥회 좋은 어린이책)
비 오는 날 쓰레기장에 버려진 잡종개 치로리. 죽음 직전 구조된 치로리는 치료견이 되어 전신마비 환자를 일으키고, 은둔형 외톨이 소년을 치료하는 등 기적을 일으킨다.

용산 개 방실이 (어린이도서연구회에서 뽑은 어린이·청소년 책, 평화박물관 평화책)
용산에도 반려견을 키우며 일상을 살아가던 이웃이 살고 있었다. 용산 참사로 갑자기 아빠가 떠난 뒤 24일간 음식을 거부하고 스스로 아빠를 따라간 반려견 방실이 이야기.

유기견 입양 교과서
보호소에 입소한 유기견은 안락사와 입양이라는 생사의 갈림길 앞에 선다. 이들에게 입양이라는 선물을 주기 위해 활동가, 봉사자, 임보자, 입양자가 어떻게 교육하고 어떤 노력을 해야 하는지 알려 준다.

유기동물에 관한 슬픈 보고서 (환경부 선정 우수환경도서, 어린이도서연구회에서 뽑은 어린이·청소년 책, 한국간행물윤리위원회 좋은 책, 어린이문화진흥회 좋은 어린이책)
동물보호소에서 안락사를 기다리는 유기견, 유기묘의 모습을 사진으로 담았다. 인간에게 버려져 죽임을 당하는 그들의 모습을 통해 인간이 애써 외면하는 불편한 진실을 고발한다.

버려진 개들의 언덕
인간에 의해 버려져서 동네 언덕에서 살게 된 개들의 이야기. 새끼를 낳아 키우고, 사람들에게 학대를 당하고, 유기견 추격대에 쫓기면서도 치열하게 살아가는 생명들의 2년간의 관찰기.

임신하면 왜 개, 고양이를 버릴까?
임신, 출산으로 반려동물을 버리는 나라는 한국이 유일하다. 세대 간 문화충돌, 무책임한 언론 등 임신, 육아로 반려동물을 버리는 사회현상에 대한 분석과 안전하게 임신, 육아 기간을 보내는 생활법을 소개한다.

고양이 질병의 모든 것
40년간 3번의 개정판을 낸 고양이 질병 책의 바이블. 고양이가 건강할 때, 이상 증상을 보일 때, 아플 때 등 모든 순간에 곁에 두고 봐야 할 책이다. 질병의 예방과 관리, 증상과 징후, 치료법에 대한 모든 해답을 완벽하게 찾을 수 있다.

고양이 안전사고 예방 안내서
고양이는 여러 안전사고에 노출되며 이물질 섭취도 많다. 고양이의 생명을 위협하는 식품, 식물, 물건을 총정리했다.

대단한 돼지 에스더
(환경부 선정 우수환경도서, 학교도서관저널 추천도서)
미니돼지인줄 알았는데 300킬로그램이 되어버린 돼지를 운명으로 받아들인 두 남자가 농장동물보호소를 시작하게 되는 이야기. 인간과 동물 사이의 사랑이 얼마나 많은 것을 변화시키는지 알려주는 놀라운 이야기.

채식하는 사자 리틀타이크
(아침독서 추천도서, 교육방송 EBS 〈지식채널e〉 방영)
육식동물인 사자 리틀타이크는 평생 피 냄새와 고기를 거부하고 채식 사자로 살며 개, 고양이, 양 등과 평화롭게 살았다. 종의 본능을 거부한 채식 사자의 9년간의 아름다운 삶의 기록.

적색목록
(한국만화영상진흥원 독립출판만화 제작 지원사업 선정)
멸종위기종으로 태어나 끝없이 인간에게 죽임을 당하는 동물들을 그린 그래픽 노블. 인간은 홀로 살아남을 것인가?

야생동물병원 24시
(어린이도서연구회에서 뽑은 어린이·청소년 책, 한국출판문화산업진흥원 청소년 북토큰 도서)
로드킬 당한 삵, 밀렵꾼의 총에 맞은 독수리, 건강을 되찾아 자연으로 돌아가는 너구리 등 대한민국 야생동물이 사람과 부대끼며 살아가는 슬프고도 아름다운 이야기.

숲에서 태어나 길 위에 서다
(환경부 환경도서 출판 지원사업 선정)
한 해에 로드킬로 죽는 야생동물은 200만 마리다. 인간과 야생동물이 공존할 수 있는 방법을 찾는 현장 과학자의 야생동물 로드킬에 대한 기록.

동물복지 수의사의 동물 따라 세계 여행
(한국출판문화산업진흥원 중소출판사 우수콘텐츠 제작지원 선정, 학교도서관저널 추천도서)
동물원에서 일하던 수의사가 동물원을 나와 세계 19개국 178곳의 동물원, 동물보호구역을 다니며 동물원의 존재 이유에 대해 묻는다. 동물에게 윤리적인 여행이란 어떤 것일까?

고등학생의 국내 동물원 평가 보고서
(환경부 선정 우수환경도서)
인간이 만든 '도시의 야생동물 서식지' 동물원에서는 무슨 일이 일어나고 있나? 국내 9개 주요 동물원이 종보전, 동물복지 등 현대 동물원의 역할을 제대로 하고 있는지 평가했다.

똥으로 종이를 만드는 코끼리 아저씨
(환경부 선정 우수환경도서, 한국출판문화산업진흥원 청소년 권장도서)
코끼리 똥으로 만든 재생종이 책. 코끼리 똥으로 종이와 책을 만들면서 사람과 코끼리가 평화롭게 살게 된 이야기를 코끼리 똥 종이에 그려냈다.

토끼
토끼를 건강하고 행복하게 오래 키울 수 있도록 돕는 육아 지침서. 습성·식단·행동·감정·놀이·질병 등 모든 것을 담았다.

토끼 질병의 모든 것
토끼의 건강과 질병에 관한 모든 것, 질병의 예방과 관리, 증상, 치료법, 홈 케어까지 완벽한 해답을 담았다.

인간과 동물, 유대와 배신의 탄생
(환경부 선정 우수환경도서, 환경정의 선정 올해의 환경책)
미국 최대의 동물보호단체 휴메인소사이어티 대표가 쓴 21세기 동물해방의 새로운 지침서. 농장동물, 산업화된 반려동물 산업, 실험동물, 야생동물 복원에 대한 허위 등 현대의 모든 동물학대에 대해 다루고 있다.

동물원 동물은 행복할까? (환경부 선정 우수환경도서, 학교도서관저널 추천도서, 꿈꾸는도서관 청소년 추천도서)

동물원 북극곰은 야생에서 필요한 공간보다 100만 배, 코끼리는 1,000배 작은 공간에 갇혀 있다. 야생동물보호운동 활동가인 저자가 기록한 동물원에 갇힌 야생동물의 참혹한 삶.

동물 쇼의 웃음 쇼 동물의 눈물
(한국출판문화산업진흥원 청소년 추천도서, 한국출판문화산업진흥원 청소년 북토큰 도서)

동물 서커스와 전시, TV와 영화 속 동물 연기자, 투우, 투견, 경마 등 동물을 이용해서 돈을 버는 오락산업 속 고통받는 동물의 숨겨진 진실을 밝힌다.

고통 받은 동물들의 평생 안식처 동물보호구역
(환경부 선정 우수환경도서, 환경정의 어린이 환경책, 한국어린이교육문화연구원 으뜸책)

고통받다가 구조 되었지만 오갈 데 없었던 야생동물의 평생 보금자리. 저자와 함께 전 세계 동물보호구역을 다니면서 행복하게 살고 있는 동물을 만난다.

개 고양이 대량 안락사

1939년, 전쟁 중인 영국에서 40만 마리의 개와 고양이가 대량 안락사 됐다. 정부도 동물단체도 반대했는데 보호자에 의해 벌어진 자발적인 비극. 전쟁 시 반려동물은 인간에게 무엇일까?

동물을 이용한 전쟁의 역사

전쟁은 인간만의 고통일까? 자살폭탄 테러범이 된 개 등 고대부터 현대 최첨단 무기까지, 우리가 몰랐던 동물 착취의 역사.

동물들의 인간 심판
(대한출판문화협회 올해의 청소년 교양도서, 세종도서 교양부문 선정, 환경정의 청소년 환경책, 아침독서 청소년 추천도서, 학교도서관저널 추천도서)

동물을 학대하고, 학살하는 범죄를 저지른 인간이 동물 법정에 선다. 고양이, 돼지, 소 등은 인간의 범죄를 증언하고 개는 인간을 변호한다. 이 기묘한 재판의 결과는?

물범 사냥 (노르웨이국제문학협회 번역 지원 선정)

북극해로 떠나는 물범 사냥 어선에 감독관으로 승선한 마리. 낯선 남자들과의 6주. 인간과 동물, 남성과 여성이 평등하다고 믿는 사람들에게 펼쳐 보이는 세상.

동물노동

인간이 농장동물, 실험동물 등 거의 모든 동물을 착취하면서 사는 세상에서 동물노동에 대해 묻는 책. 동물을 노동자로 인정하면 그들의 지위가 향상될까?

동물학대의 사회학 (학교도서관저널 추천도서)

동물학대와 인간폭력 사이의 관계를 설명한다. 페미니즘 이론 등 여러 이론적 관점을 소개하면서 앞으로 동물학대 연구가 나아갈 방향을 제시한다.

동물주의 선언 (환경부 선정 우수환경도서)

현재 가장 영향력 있는 정치철학자가 쓴 인간과 동물이 공존하는 사회로 가기 위한 철학적·실천적 지침서.

묻다 (환경부 선정 우수환경도서, 환경정의 올해의 환경책)

사진작가가 기록한 전염병에 의한 동물 살처분 매몰지에 대한 2년간의 기록. 2000년 이후 가축 전염병으로 살처분 당한 동물 1억 마리가 넘는다. 동물의 살처분 방식은 합당한가?

사지 말고 입양하자 시리즈 ①
햄스터

초판 1쇄 2014년 9월 21일
초판 12쇄 2024년 11월 15일

글·그림 김정희

펴낸이 김보경
펴낸곳 책공장더불어
편 집 김보경
독자 편집인 케트, 강제능
교 정 김수미

디자인 나디하 스튜디오(khj9490@naver.com)
인 쇄 정원문화인쇄

책공장더불어

주 소 서울시 종로구 혜화동 5-23
대표전화 (02)766-8406
팩 스 (02)766-8407
이메일 animalbook@naver.com
홈페이지 http://blog.naver.com/animalbook
출판등록 2004년 8월 26일 제300-2004-143호

ISBN 978-89-97137-13-8 (13490)

*잘못된 책은 바꾸어 드립니다.
*값은 뒤표지에 있습니다.